FASZINATION ERDE

USA · DER WESTEN

Grandiose Landschaften und eine atemberaubende Natur verkörpern den »ewigen« Traum vom US-amerikanischen Westen: Nebel über dem Snake River im Grand Teton National Park.

FASZINATION ERDE

USA · DER WESTEN

Die berühmte »Einsame Zypresse« steht am 17-Mile-Drive, einem exklusiven Teilstück des Highway 1 in Kalifornien. Die schmale Straße führt zwischen Pacific Grove und Carmel an der wildromantischen Pazifikküste entlang.

VORWORT

Der US-amerikanische Westen, das Paradies auf Erden. Das Land, in dem Milch und Honig fließen. In Kalifornien und im Oregon Territory endeten der historische Oregon Trail und die legendäre Route 66. Alle Wege führen nach Westen. Selbst heute noch gilt der Westen als gelobtes Land und als Traumziel für Urlauber aus aller Welt. Westward Ho!

»Go West, Young Man!« – diese Schlagzeile der New York Herald Tribune in einer Ausgabe von 1850 wurde zum Credo einer ganzen Nation. »Geh nach Westen, junger Mann!« Im amerikanischen Westen, in den fruchtbaren Tälern von Kalifornien und Oregon, kannst du dein Glück machen und dir eine neue Zukunft aufbauen. Dort lag das Traumziel für ein ganzes Heer von Einwanderern, die vor allem im 19. Jahrhundert über den Oregon Trail nach Westen zogen. Die Pioniere glaubten, eine »göttliche Bestimmung« zu haben, sich dieses Land untertan zu machen, und damit auch die Rechtfertigung, die eigentlichen Besitzer dieses Landes, die Indianer, aus diesem Paradies zu vertreiben.

Reisende aus aller Welt werden vor allem von den spektakulären Landschaften in den Westen gelockt. Wie eine gewaltige Wand ziehen sich die mächtigen Rocky Mountains von New Mexico bis hinauf nach Kanada. In den Staaten Washington, Oregon und Kalifornien faszinieren die Cascades und die Sierra Nevada mit schroffen Gipfeln und klaren Seen. In den Rockies verzaubern Nationalparks wie Yellowstone, Grand Teton und Glacier, weiter westlich warten Yosemite und der Lake Tahoe. In Montana und Wyoming erstreckt sich die Hochprärie des ehemaligen Indianerlandes, in Arizona, Utah und New Mexico hat der Colorado River eine großartige Felslandschaft mit dem Grand Canyon und dem Monument Valley geschaffen, verzaubert die Wüste mit Ocotillos und Saguaro-Kakteen.

Den US-amerikanischen Westen präsentieren wir Ihnen in diesem Band ganz neu: Zuerst zeigen wir Ihnen die enorme Vielfalt dieses Landes in geografisch gegliederten Bildkapiteln. Der daran anschließende Atlasteil hilft Ihnen dabei, die jeweiligen Sehenswürdigkeiten schnell aufzufinden, und das abschließende Register, das Bildband- und Atlasseiten miteinander verknüpft, enthält die wichtigsten Internetadressen zur weiteren Orientierung. All das soll Ihnen behilflich sein, den Westen der USA in seiner ganzen Vielschichtigkeit zu entdecken – für viele das »wahre Amerika«.

Wolfgang Kunth

Die Vielfalt des US-amerikanischen Westens ist überwältigend: neugieriges Rotwild in den Wäldern, schroffe Gebirge, spektakuläre Canyons und Wüsten, malerische Küsten und pulsierende Städte wie San Francisco.

INHALT

Alle Wege führen nach Westen. Das »wahre« Amerika liegt westlich des Mississippi, auf der Hochprärie von Montana und Wyoming, in den Bergregionen von Colorado und Idaho, in den Wüsten von Arizona, New Mexico, Utah und Nevada, in den Tälern von Kalifornien, Oregon und Washington. In den Bildern, die wir aus ungezählten Hollywood-Filmen kennen, wurde Amerika zum Mythos, entfaltet das Land seine ganze Pracht.

Der Crater Lake in Oregon ist für seine tiefblaue Farbe und die steilen Ufer bekannt. Von einer Rundstraße und einem Pfad zum Rand des Gewässers hat man eine herrliche Aussicht auf den See.

Seit dem Jahr 1909 steht der schmale Küstenstreifen im Westen der Olympic Peninsula (Washington) unter Naturschutz. In den starken Strömungen jenseits der pittoresken Felsen suchen Fischer nach Lachsen.

WASHINGTON, OREGON

Der Nordwesten der USA mit den Staaten Washington und Oregon bietet seinen Besuchern eine erstaunliche Vielfalt, die kaum jemand dort vermutet: Wenige Kilometer von der wildromantischen Küste mit ihren felsigen Steilufern und der schäumenden Gischt entfernt ragen mächtige Bergriesen und brodelnde Vulkane aus den Gebirgsketten der Cascades und Sierra Nevada; östlich der Berge überraschen die als regenreich bekannten Staaten mit trockenen Salbeiwüsten und Hochebenen.

Bereits Leutnant Joseph P. O'Neil, der im Jahr 1885 eine Expedition auf die Olympic Pensinsula führte, berichtete von majestätischen Bergen und märchenhaften Wäldern. Viele folgten ihm, und einige Jahrzehnte später, 1909, wurde ein Teil der Insel unter Naturschutz gestellt.

Der Olympic National Park besteht aus dem Kerngebiet mit den Olympic Mountains und einem schmalen Küstenstreifen mit dem angrenzenden Regenwald (oben: im Hoh Rain Forest). Cape Alava im Norden dieses Küstenstreifens ist der westlichste Punkt der USA außerhalb von Alaska.

Olympic National Park

Der Olympic National Park, Weltnaturerbe der UNESCO, vereint eine alpine Gebirgslandschaft mit schroffen Berggipfeln, Seen und Wasserfällen, eine wildromantische Küste mit felsigen Ufern, weiten Sandstränden und einen dichten Regenwald, wie es ihn nirgendwo sonst in den Vereinigten Staaten gibt. »Von den Bergen zur Küste« heißt das Motto des Naturschutzgebietes. Der Hoh Rain Forest, der größte temperierte Regenwald der westlichen Hemisphäre, wurde bereits im Jahr 1909 unter Naturschutz gestellt. Heftige Regenfälle halfen der üppigen Natur, sich zu entfalten. Westlich von Port Angeles, dem kommerziellen Zentrum des Parks, liegt der fischreiche Lake Crescent. Eine Straße führt zu den Sol Duc Hot Springs: heißen Quellen. Von Port Angeles fährt man eine Panoramastraße zum Hurricane Ridge hinauf, einem rund 2000 Meter hohen Plateau.

Seattle ist eine junge Stadt, aufgeschlossen für die verschiedensten Kunstformen, und gilt als die Wiege der Grunge Music. Vor dem mächtigen Gipfel des Mount Rainier bildet die supermoderne Skyline ein eindrucksvolles Bild, riesige Glaspaläste und die Space Needle spiegeln sich im Wasser des Puget Sound.

Seattle

Die größte Stadt des Bundesstaates Washington liegt auf einer hügeligen Landenge zwischen dem Puget Sound und dem Lake Washington, rund 230 Kilometer vom Pazifik entfernt, überragt vom schneebedeckten Mount Rainier, dem mit 4392 Metern höchsten Gipfel der Cascade Range. Mit den Konzernriesen Boeing und Microsoft gehört Seattle, das auch den größten Fischereihafen der USA hat, zu den bedeutendsten Wirtschaftszentren des Landes. Die Stadt ging aus einem Handelsposten von Holzfällern und Fischern hervor, verzaubert mit ihrer atemberaubenden Skyline und wird wegen ihrer vielen Grünflächen auch »The Emerald City« genannt, die »smaragdfarbene Stadt«. Aus dem Häusermeer erhebt sich die 184 Meter hohe Space Needle, ein Überbleibsel der Weltausstellung von 1962. Mitten in der Stadt erinnert der Pioneer Square an die wilde Zeit des Goldrausches.

Der Mount Rainier ist die größte Eismasse eines einzelnen Bergmassivs der USA außerhalb von Alaska. Für die Indianer war er ein heiliger Berg. William Fraser Tolmie, ein mutiger Arzt, soll auf der Suche nach Heilkräutern als erster Weißer in den Ausläufern des Berges unterwegs gewesen sein. Als erster Siedler errichtete James Longmire gegen Ende des 19. Jahrhunderts seine Farm im Schatten des Vulkans. Nach ihm wurde das Longmire Valley benannt. Heute ist es vor allem bei Wanderern und Campern beliebt. Zwischen den schroffen Berghängen und ausgedehnten Wäldern zeigt sich die Natur noch heute wie damals bei der Ankunft der ersten weißen Siedler.

Mount Rainier National Park

Von dichten Fichtenwäldern und alpinen Bergwiesen umgeben, ragt der mächtige Mount Rainier, ein aktiver Vulkan, aus der imposanten Gebirgslandschaft der Cascade Range empor. Der englische Seefahrer George Vancouver benannte den Berg nach seinem Freund Peter Regnier, einem britischen Marineoffizier. Die Indianer nannten den Berg »Ta-ho-ma«, den »Wettermacher«, weil er angeblich sein eigenes Wetter produziert. Von Paradise, dem Zentrum des Nationalparks, führen zahlreiche Wanderwege in die Bergwildnis, die besonders im Sommer mit ihrer bunten Blütenpracht überwältigt. Der Paradise Valley Highway erlaubt auch Autofahrern, sich an der Wildnis zu erfreuen. Seit dem Jahr 1899 ist das Gebiet ein Nationalpark, ungefähr zehn Prozent davon sind von Eis bedeckt. Zu den attraktiven Gletschern gehören der Nisqually und der Emmons Glacier.

Wie eine Mondlandschaft wirkt die von der Schlammlawine zerstörte Landschaft um den Mount St. Helens auf den Betrachter. Nur langsam erholt sich die geschundene Natur von der Katastrophe. Einem Juwel gleich strahlt der Spirit Lake inmitten der skurrilen Landschaft. Nach dem Ausbruch war sein Ausfluss blockiert, seit dem Jahr 1985 verbindet ein Tunnel den Spirit mit dem South Coldwater Lake und sorgt für eine Regulierung.

MOUNT ST. HELENS: DIE ERDE BEBT

Am Morgen des 18. Mai 1980 bebte am Mount St. Helens die Erde. Der Ausbruch des Vulkans sorgte für eines der dramatischsten Naturspektakel des letzten Jahrhunderts. Die gewaltige Explosion riss die Kuppe des Berges hinweg und ließ ihn um 400 Meter schrumpfen. Über vier Kubikkilometer Asche und Felsen spuckte der Vulkan in die Höhe und überzog die umliegenden Täler mit einer Lawine von nie gekannter Größe. Über 20 Kilometer wirbelte die Asche in die Luft. Die geschmolzenen Eismassen der Gletscher verwandelten sich in wahre Schlammfluten, beinahe 6000 Quadratmeter Wald fielen der Verwüstung zum Opfer. Siebenundzwanzig Menschen sowie Millionen von Tieren und Pflanzen verendeten in dem unbeschreiblichen Chaos. Seit diesem Ausbruch ist der Vulkan noch 2550 Meter hoch. Zwei Jahre später stellte der National-Park-Service den Berg und die umliegenden Gebiete unter Naturschutz, damit Flora und Fauna sich wieder erholen konnten. In fünf Besucherzentren entlang des Highway 504 wird das Naturereignis auf eindrucksvolle Weise dokumentiert. Vom Johnson Ridge Observatory hat man bei schönem Wetter eine gute Aussicht auf den Vulkan, dessen Gefahr noch nicht gebannt zu sein scheint: Die seismische Aktivität dauert an, und am 1. Oktober 2004 kam es erneut zu einem – sehr kleinen – Ausbruch.

Der Cape Kiwanda State Park mit seiner malerischen Küste gehört zu den beliebtesten Ausflugszielen in Oregon. Besonders Drachenflieger schätzen die steil aufragenden Felsen und die zerklüftete Küste. Romantik pur auch im Shore Acres State Park.

Der Haystack Rock, ein riesiger Monolith, ragt aus der Brandung vor Cannon Beach. Der Name des Strandes geht auf den US-Schoner Shark zurück, der 1846 in der Mündung des Columbia River sank und hier mit drei Kanonen an Land gespült wurde.

Oregon Coast

Der Highway 101 führt an der felsigen Küste von Oregon entlang durch unverfälschte Natur und ehemalige Fischerdörfer. Er öffnet den Blick auf senkrechte Felswände, einsame Sandstrände und romantische Landschaften. Zahlreiche Aussichtspunkte gestatten eine herrliche Aussicht auf die raue Küste und den Pazifischen Ozean. Die größte Stadt an der nördlichen Küste ist Astoria, sie wurde bereits im Jahr 1811 von Johann Jacob Astor, dem König der Pelzhändler, gegründet. Der mehrfache Millionär, der durch Grundstücksgeschäfte reich geworden war, stammte aus Walldorf bei Heidelberg. Zu den kommerziellen Zentren an der Oregon Coast gehört Seaside, ein reicher Badeort; auch Tillamook beeindruckt mit einem weiten Sandstrand. Surfer kommen in der Brandung vor Lincoln City auf ihre Kosten; dort erstreckt sich ein zehn Kilometer langer Sandstrand.

Um die spektakulären Palouse Falls erstreckt sich ein Naturschutzgebiet mit vielen Wanderwegen und markierten Aussichtspunkten. Der Nee-Me-Poo-Trail folgt den Spuren der Nez-Perce-Indianer. Besonders schön ist der Buckhorn Lookout abseits des Snake River in der Hells Canyon Recreation Area.

Die River-Rafting-Touren im Hells Canyon gehören zu den wildesten Abenteuern im US-amerikanischen Nordwesten. Erfahrene Guides steuern die Zodiacs durch die schäumenden Stromschnellen. Die meisten Touren werden zwischen Hells Canyon Dam und Upper Pittsburg Landing angeboten.

Palouse Falls, Hells Canyon

Der Hells Canyon gehört zu den wildesten Naturlandschaften der Vereinigten Staaten. Über 2000 Meter hat sich der Snake River in die dunklen Basaltfelsen gegraben. Die tiefste Schlucht des US-amerikanischen Kontinents, tiefer als der Grand Canyon, liegt an der Grenze zwischen Oregon und Idaho und führt in die Hells Canyon National Recreation Area mit lichten Wäldern und abgelegenen Seen. Im Sommer blühen bunte Wildblumen auf den alpinen Wiesen. Einige Abschnitte des wilden und sehr gefährlichen Snake River erreicht man nur mit starken Booten. Zahlreiche Veranstalter bieten Wildwassertouren durch die Stromschnellen des Flusses an. Am Ufer sieht man Bären und andere Wildtiere, auch Klapperschlangen verstecken sich im Dickicht. Die Palouse Falls, im Zentrum eines State Parks im Südosten des Staates Washington gelegen, stürzen 70 Meter in die Tiefe.

Das Caesars Palace in Las Vegas mit seinem römischen Ambiente (ganz unten) gehört zu den größten Hotels der Welt. Es ist Teil des riesigen Themenparks, zu dem sich die Stadt in Nevada in letzter Zeit entwickelte.

California Dreamin': Durch einen Pfeiler und die Kabel der Golden Gate Bridge geht der Blick auf die Skyline von San Francisco, der Stadt auf den sieben Hügeln, mit der Pyramide des Transamerica Building.

KALIFORNIEN, NEVADA

Seit dem amerikanischen Goldrausch um die Mitte des 19. Jahrhunderts gilt Kalifornien als der »Golden State«, das magische Land an der Pazifikküste. Es lockt mit glitzernden Metropolen wie San Francisco, Los Angeles und San Diego, weißen Sandstränden im Süden und felsigen Steilküsten im Norden, den zerklüfteten Bergen und malerischen Seen der Sierra Nevada, dunklen Redwood-Wäldern und lieblichen Weinanbaugebieten sowie heißen Wüsten im Südosten. Nevada ist für seine Spielerstädte Las Vegas und Reno bekannt.

Für die Indianer waren die Redwoods heilige Bäume; nach ihrem Glauben haben diese eine Seele wie die Menschen. Dann fielen die kostbaren Wälder den Sägen der Holzfäller zum Opfer. Bis in die 1960er-Jahre hinein wurden die Redwood-Bäume (Sequoia sempervirens) abgeholzt. 1968, als der Redwood National Park gegründet wurde, waren bereits neunzig Prozent der Bäume gefällt; dadurch wurden auch zahlreiche Waldtiere vertrieben. Redwoods sind kaum von Krankheiten oder Schädlingsbefall bedroht, ihre bis zu 30 Zentimeter dicke Borste bietet Schutz gegen Waldbrände. Sie gelten als die größten Pflanzen der Erde.

Redwood National Park

Drei Naturschutzgebiete im nördlichen Kalifornien, die bereits zu Beginn des 20. Jahrhunderts entstanden, verdanken ihre Entstehung der mächtigen Naturschutz-Vereinigung Save-the-Redwoods-League. Alle drei Parks, Jedediah Smith, Del Norte Coast und Prarie Creek, bilden zusammen mit dem Redwood National Park eine einzigartige Schutzzone. Die mächtigen Redwoods oder Küsten-Sequoias, nahe Verwandte der Mammutbäume, werden über 100 Meter hoch. Ihr durchschnittliches Alter beträgt 500 bis 700 Jahre, einzelne werden mehr als 2000 Jahre alt. Die höchsten Bäume stehen in der Tall Trees Grove bei Orick. In Prairie Creek beeindruckt der dichte Regenwald, an der Del Norte Coast die zerklüftete Felsenküste. Mächtige Redwoods findet man auch am Mill Creek im Redwoods State Park. Die Avenue of the Giants führt mitten durch die dunklen Wälder.

Eindrucksvolle Bauwerke bestimmen das Stadtbild von San Francisco: Die Bay Bridge verbindet San Francisco mit Oakland und wird auf zwei Ebenen befahren. Die Transamerica Pyramide gehört zu den kühnsten Wolkenkratzern der USA. Die viktorianischen Häuser am Alamo Square stammen aus dem 19. Jahrhundert.

Seit dem Jahr 1873 fahren Cable Cars durch San Francisco. Der britische Ingenieur Andrew Hallidie erfand das System, bei dem eine Straßenbahn an ein Kabel gehängt werden kann, das in einer Rinne in der Mitte der Straße verläuft. Auf diese Weise bewältigen die Cable Cars das steile Auf und Ab der Straßen von San Francisco.

San Francisco

Die Stadt auf den sieben Hügeln gehört zu den schönsten Metropolen der Welt. Im Jahr 1776 wurde sie als Yerba Buena von den Spaniern gegründet, 1847 erhielt sie ihren neuen Namen nach der von Pater Serra gegründeten Mission San Francisco de Asis. Mit den sagenhaften Goldfunden im Januar 1848 begann der Aufstieg der Stadt zu einem bedeutenden Handelszentrum und Seehafen. Selbst das katastrophale Erdbeben von 1906 konnte den Aufschwung nicht bremsen. Zu den Highlights der Stadt gehören natürlich die Bucht mit der Golden Gate Bridge und der Bay Bridge; Fisherman's Wharf, der Jachthafen am Ende der Hyde Street; Chinatown, die orientalische Oase mit goldenen Drachen und roten Pagoden, verwinkelten Gassen und versteckten Hinterhöfen; die geschäftige Market Street und Szene-Viertel wie South of Market und Cow Hollow.

Wegen der zahlreichen tödlichen Unfälle, die sich während des Baus der Golden Gate Bridge ereigneten, erlangte die Brücke schon vor ihrer Einweihung traurige Berühmtheit. In den folgenden Jahren gab es über 600 Selbstmordversuche. Inzwischen verhindert ein stabiles Netz solche Verzweiflungstaten.

GOLDEN GATE BRIDGE: DAS GOLDENE TOR DER STADT

Die hoch aufragenden Art-déco-Doppelpfeiler der Golden Gate Bridge, sichtbar fast von jedem erhöhten Punkt der Stadt, bilden die Basis für die markanteste Sehenswürdigkeit im US-amerikanischen Westen. Als das Bauwerk im Jahr 1937 eingeweiht wurde, war es die längste Hängebrücke der Welt. Elf Arbeiter kamen bei der Konstruktion ums Leben. Über 35 Millionen Dollar hatte der Bau verschlungen, für die damalige Zeit eine beinahe unvorstellbare Summe. 230 Meter erheben sich die Pfeiler der Brücke über dem Pazifik. Von den Ingenieuren unter der Leitung des Architekten Joseph B. Strauss wurde die Stahlkonstruktion so angelegt, dass sie einem Sturm mit einer Windgeschwindigkeit von 160 Kilometern pro Stunde standhalten kann. Seit 1965 wird sie ständig gestrichen: Ist man auf der einen Seite fertig, fängt man auf der anderen wieder an. Die beiden Hauptkabel der Brücke sind einen Meter dick und enthalten 128 744 Kilometer gebündeltes Stahlkabel. Auf der Marin Pensinsula hat man den besten Ausblick auf das malerische Bauwerk. Den Namen Golden Gate gab der Entdecker John Fremont bereits im Jahr 1844 der Meerenge am Ausgang der Bucht von San Francisco. Sechs Fahrspuren in 67 Metern Höhe und ein Fußweg führen über die 2,7 Kilometer lange Golden Gate Bridge; zur Stadt wird Brückenzoll erhoben.

Von den über 500 Weingütern allein im Napa Valley hat sich die Mumm Napa Valley Winery des gleichnamigen französischen Champagner-Herstellers einen besonderen Ruf erworben: Hier wird Champagner nach der klassischen Methode hergestellt. In der Rutherford Hill Winery keltert man den Wein im Inneren eines Berges. Auch der kalifornische Rotwein konnte inzwischen zahlreiche Preise gewinnen, selbst in Frankreich.

KALIFORNISCHER WEIN

Über 90 Prozent aller amerikanischen Weine stammen aus Kalifornien. Die geschützten Berghänge, vor allem im Napa und Sonoma Valley, rühmen sich eines milden Klimas und eignen sich besonders für den Weinanbau. Über 800 Weingüter gibt es im Golden State. Zu den bevorzugten Sorten gehören Sauvignon Blanc, Cabernet Sauvignon, Pinot Noir, Merlot und Chardonnay. George Yount pflanzte im Jahr 1836 erstmals erfolgreich Weinreben in dem etwa eine Autostunde nördlich von San Francisco gelegenen Tal. Als »Vater des kalifornischen Weins« wird aber der ungarische Graf Agoston Haraszthy gerühmt. Er gründete das erste Weingut, die angesehene Buena Vista Winery. Im Lauf der Jahre kamen immer mehr Winzer vor allem aus Deutschland und Italien hierher und kultivierten das Land. In den 1970er-Jahren wurde der Wein auch zu einem wichtigen Wirtschaftsfaktor, und als 1976 eine Kreszenz von Stag's Leap bei einer Blindprobe in Paris einen Lafitte-Rothschild schlug, war kalifornischer Wein endgültig »geadelt«. Heute sind die Anbaugebiete ein beliebtes Ferienziel. Das Napa Valley lockt mit anmutigen Landschaften und einer Vielzahl von Wineries, die Verkostungen anbieten. Der Napa Valley Train fährt durch die Weinberge von Napa, Yountville, Oakville, Rutherford und St. Helena. An Bord wird ein Menü mit ausgesuchten Weinen angeboten.

Der weltberühmte Schriftsteller Henry Miller schwärmte von seiner Wahlheimat Big Sur (großes Bild und rechte Seite): »Dies ist nicht mehr Erde und Himmel, sondern Licht und Form. Wenn diese hinreißende Wirklichkeit ihren Höhepunkt erreicht, fangen die Felsen zu sprechen an.«

Kontrastprogramm am Highway 1: Hearst Castle (oben links), das Traumschloss des Zeitungszaren William Randolph Hearst, thront wie ein Tempel oberhalb von San Simeon. Die Mission Santa Barbara (oben rechts), im Jahr 1786 erbaut, gilt als »Königin der Missionen«.

Highway 1

»Dies ist die schönste Begegnung von Land und See, die es auf Erden gibt«, schrieb einst der Schriftsteller Robert Louis Stevenson: Besonders zwischen San Francisco und Los Angeles gilt der legendäre Highway 1 als eine Traumstraße. Einsame Sandstrände und schroffe Steilküsten, romantisch gelegene Missionen und malerische Dörfer säumen die Küstenstraße, die über mehrere tausend Kilometer durch Washington, Oregon und Kalifornien führt und längst wie die Route 66 zum Mythos geworden ist. Teile des Highway 1 folgen dem historischen El Camino Real, dem »Königsweg«, der die alten Glaubensbastionen verband. Nach dem Zweiten Weltkrieg ließen sich vor allem Aussteiger und Abenteurer an der Straße nieder. Zu den bekanntesten Städten am Highway 1 gehören Monterey und Carmel. Die Mission Carmel am südlichen Stadtrand wurde liebevoll restauriert.

Die eindrucksvolle Skyline täuscht über die mangelnde Bedeutung der Innenstadt hinweg, obwohl die Investoren in den letzten Jahren wieder Gefallen an der City gefunden haben. So entstanden neue Hochhäuser, weitläufige Parks und interessante Restaurants. Sogar die Straßenbahn verkehrt wieder in Los Angeles.

Von der Aussichtsplattform des Civic Centers hat man einen eindrucksvollen Blick auf die Wolkenkratzer der Innenstadt und das scheinbar endlose Häusermeer der Vororte. Ein interessantes Gebäude in der City ist das Bradbury Building: 1893 erbaut, besitzt es den ältesten hydraulischen Fahrstuhl von Los Angeles.

Los Angeles

Los Angeles, weltweit L. A. abgekürzt, ist die zweitgrößte Stadt der USA. Flächenmäßig übertrifft sie alle anderen Metropolen: Über 1200 Quadratkilometer erstreckt sich das Stadtgebiet, das ist einsamer Rekord. Die »Stadt der Engel«, um 1781 als »Pueblo de los Angeles« gegründet und noch im 19. Jahrhundert ein unbedeutendes Dorf, wurde nie zum Schmelztiegel wie New York und bestand schon vor dem Zweiten Weltkrieg aus einer Vielzahl von eigenständigen Siedlungen – damals durch Straßenbahnlinien zusammengehalten. Über tausend Meilen Schienen wurden aus dem Asphalt gerissen, als das Auto seinen Siegeszug antrat. Inzwischen erstickt das kleine Stadtzentrum im Würgegriff einer Vielzahl von Freeways, die nach allen Seiten aus der Stadt führen. An die spanische Vergangenheit erinnern heute nur noch die Union Station und die Olvera Street.

Der legendäre Sunset Boulevard (unten links) führt in die Scheinwelt von Beverly Hills und Bel Air. In den 1920er-Jahren verband er die Filmstudios mit den luxuriösen Villen der großen Stars. Die exklusiven Restaurants und Läden liegen am Sunset Strip, einem 2,4 Kilometer langen Teilstück der Straße mit bekannten Nachtclubs. In der Melrose Avenue (oben) findet man viele Boutiquen und ausgefallene Shops. Ähnliches gilt für Santa Monica mit seinem bekannten Pier – inzwischen wieder Treffpunkt der »Fun People« – und die Third Street Promenade, eine Fußgängerzone nach europäischem Muster mit viel Trubel.

Beverly Hills, Hollywood

Hollywood hat viel von seinem Glanz verloren. Nur am Mann's Chinese Theater ahnt man noch etwas vom Trubel der 1930er- und 1940er-Jahre, als Stars wie Clark Gable und Katharine Hepburn gefeiert wurden. Geblieben sind Nobelorte wie Beverly Hills und Bel Air. Die Prominentenenklaven sind eigentlich eigenständige Städte und liegen wie Oasen in der Metropole. Am Sunset Boulevard, im Schatten üppiger Palmen, gibt es feudale Villen mit riesigen Gärten, Tennisplätzen und Pools. Das Beverly Hills Hotel, einst die Herberge von Marylin Monroe & Co., wurde aufwändig renoviert. Der Rodeo Drive ist immer noch eine exklusive Einkaufs- und Flaniermeile mit sündhaft teuren Geschäften sowie exklusiven Cafés und Restaurants. Nördlich vom Sunset Boulevard erstrecken sich versteckte Canyons mit eindrucksvollen Häusern und Villen in vollkommener Abgeschiedenheit.

Große Stars wie Humphrey Bogart und Marylin Monroe bleiben unsterblich. Sie prangen auf Häuserwänden und lächeln im Hollywood Wax Museum. Und vor Grauman's Chinese Theater haben sie sich mit ihren Hand- und Fußabdrücken im Zement verewigt. Der Mythos Hollywood lebt in den Universal Studios weiter.

HOLLYWOOD: STARS UND STERNCHEN

Ausgerechnet ein überzeugter Puritaner gründete das später so »sündhafte« Hollywood: Harvey Henderson Wilcox und seine Gattin Daeida, beide vehemente Gegner von Alkohol und anderem »Teufelszeug«, planten um 1887 eine christliche Kommune außerhalb von Los Angeles und nannten sie Hollywood. 1913 drehte der Regisseur Cecil B. de Mille den Western »The Squaw Man« in Hollywood, den ersten Blockbuster der Filmgeschichte. Mächtige Studios wie Metro Goldwyn Mayer und Universal zogen in den ehemals so gesichtslosen Vorort. Hollywood wurde zu einem Synonym für Glitter, Glanz und ausschweifendes Leben. Besonders in den 1930er- und 1940er-Jahren flanierten große Stars wie Erroll Flynn und Mae West, Fred Astaire und Ginger Rogers, Clark Gable und Katharine Hepburn, Humphrey Bogart und Lauren Bacall über den roten Teppich vor Grauman's Theater. Das ehemalige Premierenkino mit dem chinesischen Dekor wurde 1927 von Sid Grauman eröffnet. In Lokalen wie dem »Brown Derby« feierte man riesige Deals. Inzwischen ist der Stern von Hollywood verblasst. Die Studios sind nach Burbank und Universal City umgezogen. Geblieben ist nur der Name, der in großen Lettern auf den Hügeln prangt – und diese Buchstaben stammen von einer Immobilienfirma. Nur noch Spuren im Zement erinnern an Monroe & Co.

Softball, die einfache Variante des Baseball, wird mit einem leichteren Ball vor allem von Jugendlichen gespielt. Schon auf der High School und erst recht auf dem College gilt es als große Ehre, in ein Football- oder Baseball-Team aufgenommen zu werden. Die College Teams gelten als Talentschmiede für die lukrativen Profiligen. Als guter Sportler hat man Chancen auf ein Stipendium.

AMERICAN SPORTS: BIGGER THAN LIVE

American Football, Baseball und Basketball sind die angesagten Sportarten in den USA. Europäischer Fußball wird vornehmlich von Frauen gespielt und fristet ein stiefmütterliches Dasein. American Football, aus dem Rugby hervorgegangen, ist kampfbetonter und lebt von der ausgefeilten Taktik sowie von einstudierten Spielzügen, die dazu dienen, den eiförmigen Ball hinter die gegnerische Torlinie zu bringen und einen Touchdown zu erzielen. Gespielt wird in mehreren »Conferences« der National Football League, den Höhepunkt bildet jeden Januar das Endspiel um den Super Bowl. Die San Francisco 49ers gehören zu den stärksten Teams. Baseball, für die meisten Europäer ein kompliziertes und kaum durchschaubares Spiel, verdankt seine Entstehung dem englischen Cricket. Ein Spiel dauert oft mehrere Stunden und gleicht eher einem großen Picknick; die Leute essen, trinken und unterhalten sich und scheinen das Spiel nur beiläufig wahrzunehmen. Größer ist das Engagement beim Basketball; hier wird angefeuert und erbittert gefightet. Die Los Angeles Lakers gehören zu den Stars der NBA, die auch in Europa viele Anhänger hat. In der National Hockey League duellieren sich die besten Eishockey-Teams. Zum Volkssport in den USA avancierte auch das Rodeo, mit Disziplinen wie Bullenreiten. Die größten Rodeos werden live übertragen.

Zu den Higlights von San Diego gehören das historische Gaslamp Quarter mit Restaurants, Kneipen und Bars, das Seaport Village – ein modernes Fischerdorf und Einkaufszentrum – und der Balboa Park, das kulturelle Zentrum der Stadt mit dem Natural History Museum und dem San Diego Museum of Art.

Das Wasser spielt eine Hauptrolle im Leben der meisten Bewohner von San Diego. Bevorzugte Ziele für Segler, Windsurfer und andere Wassersportler sind die San Diego Bay, die Mission Bay und La Jolla, ein Nobelvorort nördlich der Stadt mit einer verträumten Bucht und einer Vielzahl von Restaurants und Shops.

San Diego

San Diego liegt an der mexikanischen Grenze im Süden von Kalifornien und gehört zu den bedeutendsten Hafenstädten der USA. Wegen der durchschnittlich 300 Sonnentage pro Jahr wird die Stadt besonders von Sportlern geschätzt; überall wird gejoggt und geturnt, und in der Mission Bay leuchten die Segel vieler Boote. Die Stadt entstand in unmittelbarer Nachbarschaft der Mission San Diego de Alcala, die bereits 1769 gegründet wurde. Um 1821 entstanden die ersten Wohnhäuser. Old Town, die spanische Altstadt, erinnert an die Gründerzeit. Das moderne San Diego wurde von dem Finanzier Alonzo Horton als Ferienparadies konzipiert und auf dem Reißbrett geplant. In den 1980er-Jahren erhielt die Innenstadt ein modernes Facelifting. Die Horton Plaza, ein modernes Einkaufszentrum im Stile eines spanischen Dorfes, erinnert an den Städteplaner.

Von ewigem Schnee ist der Gipfel des eindrucksvollen Mount Shasta bedeckt. Majestätisch erhebt er sich aus der schroffen Gebirgslandschaft im kalifornischen Norden. Den ähnlich eindrucksvollen Lassen Peak kann man von der Lassen Peak Road beobachten, die zu allen wichtigen Aussichtspunkten im Lassen Volcanic National Park führt. In der Devastated Area lassen sich die Auswirkungen der Vulkanausbrüche am besten beobachten. Der Lassen Peak Trail führt zum Gipfel empor.

Mount Shasta, Lassen Volcanic National Park

Der Mount Shasta, mit 4316 Metern nach dem Mount Rainier der zweithöchste Berg der Cascade Range, erhebt sich wie ein weißer Riese hinter der ehemaligen Goldgräbersiedlung Shasta. Zahlreiche Veranstalter bieten Bergsteiger- und Lama-Touren auf den Berg an. Unterhalb des schneebedeckten Monoliths erstreckt sich der Lake Shasta, ein gewaltiger Stausee und eines der beliebtesten Urlaubsgebiete in Nordkalifornien. Der Lassen Volcanic National Park verteilt sich um den Lassen Peak – vor der Eruption des Mount St. Helens der letzte Vulkan, der auf dem US-amerikanischen Festland ausbrach. Zwischen den Jahren 1914 und 1917 brach er über 300 Mal aus und verteilte seine Asche und Lava auf dem umliegenden Land. Der Bumpass Trail führt durch die Mondlandschaft. Er ist nach einem Guide benannt, der in einer der heißen Schwefelquellen verunglückte und ein Bein verlor.

In zwei schäumenden Kaskaden stürzen die Eagle Falls beim Lake Tahoe ins Tal. Der malerische Wasserfall ist ein beliebtes Ausflugsziel; man erreicht ihn in einem kurzen Fußmarsch von der Rundstraße um den Lake Tahoe.

Der Lake Tahoe gehört zu den schönsten und größten Bergseen der Welt. Sein Wasser hat einen erstaunlichen Reinheitsgrad von 99 Prozent; ein weißes Taschentuch kann man noch in 70 Meter Tiefe sehen.

Lake Tahoe

»Ich habe das schönste Gesicht der Erde gesehen«, schrieb Mark Twain, als er vom Lake Tahoe zurückkehrte, der sich in einer Mulde zwischen der Sierra Nevada und der Carson Range ausdehnt – inmitten majestätischer Bergriesen und herrlicher Kiefernwälder. Der bis zu 490 Meter tiefe Hochgebirgssee ist knapp 35 Kilometer lang, bis zu 19 Kilometer breit und hat eine Fläche von 518 Quadratkilometern. Zu Mark Twains Zeiten lag der er noch relativ ungestört in üppiger Natur, heute gehört er zu den beliebtesten Ferienzielen der Amerikaner. Von November bis Ende April trifft man sich hier zu allen Arten von Wintersport, im Sommer tummeln sich Badegäste, Segler, Windsurfer und viele andere Freiluftaktivisten an den Ufern wie auf dem Wasser. Das touristische Zentrum ist South Lake Tahoe – ein kleines Las Vegas, direkt an der Grenze zu Nevada gelegen.

Die bizarren Kalktuffformationen im Mono Lake entstanden durch die Wechselwirkung von Süßwasser und Laugensalzen. Der Salzgehalt des alkalischen Sees steigt dramatisch. Er ist vulkanischen Ursprungs und bietet zahlreichen Zugvögeln im Frühjahr und Herbst eine vorübergehende Bleibe.

Mono Lake

Der Mono Lake liegt in den östlichen Ausläufern der Sierra Nevada und besticht durch seine stille Schönheit. Skurrile Kalkstein-Formationen ragen aus dem spiegelglatten Wasser und lassen den See wie ein geheimnisvolles Gewässer auf einem fremden Planeten aussehen. Er liegt zwischen zwei vulkanischen Inseln und wurde zu einem beliebten Fotomotiv. Investoren in Los Angeles wie engagierte Umweltschützer streiten sich seit Jahren über seine Nutzung: Durch das Wasser, das durch Aquädukte nach Los Angeles abgeleitet wurde, sowie durch natürliche Verdunstung schrumpfte der Mono Lake inzwischen auf ein Fünftel seiner Größe; das Wasser hat bereits eine auffällig schmutzige Farbe angenommen. Dadurch gerieten die Flora und Fauna der näheren Umgebung in ernsthafte Gefahr – einige Tier- und Pflanzenarten sind schon seit mehreren Jahren ausgestorben.

Vom Glacier Point, den man über eine gewundene Asphaltstraße erreicht, hat man den besten Ausblick auf das Yosemite Valley. Eine Herausforderung für Bergsteiger ist der 2695 Meter hohe Half Dome am östlichen Ende des Tals, der von dem legendären Fotografen Ansel Adams zur Ikone des amerikanischen Westens gekürt wurde. Der Half Dome sieht aus wie eine halbierte Kuppel. Im Westen begrenzt El Capitan das Tal, ein wuchtiger Felsklotz. Die schönsten Wasserfälle in dem Naturschutzgebiet sind die Yosemite, die Vernal und die Nevada Falls.

Yosemite National Park

Der Yosemite National Park gehört zu den eindrucksvollsten Naturschutzgebieten des US-amerikanischen Westens und ist besonders im Sommer stark überlaufen. Besonders im Yosemite Valley, mitten in einem der waldreichsten Gebiete der Sierra Nevada gelegen, tummeln sich die Besucher. Der malerische Merced River durchfließt das Talbecken. Bis zu 1500 Meter ragen die Granitwände der umliegenden Felsen empor. »O-ha-mi-te« nannten die Indianer das zauberhafte Tal: das »Tal der Bären«. Daraus wurde dann schließlich Yosemite. Der Gedanke, das Yosemite Valley unter Naturschutz zu stellen, kam schon Frederick Law Olmsted, dem Schöpfer des New Yorker Central Parks. Aber erst der Naturschützer John Muir brachte die Regierung dazu, im Jahr 1890 den Yosemite National Park zu gründen. Heute zählt er zu den beliebtesten Ferienzielen im amerikanischen Westen.

Zahlreiche Trails führen in die urwüchsige Natur und zu den Attraktionen der beiden Nationalparks. Linke Seite: Mammutbäume des Giant Forest im Sequoia National Park. Der John Muir Trail (kleine Abbildung unten) windet sich durch den spektakulären Kings Canyon (große Abbildung).

Auf den 4418 Meter hohen Mount Whitney führt ein steiler Pfad, der an der Whitney Portal Road beginnt und herrliche Ausblicke auf die alpine Bergwelt der südlichen Sierra Nevada gestattet. Der Berg wurde nach dem Geologen Josiah Whitney benannt, der ihn 1873 zuerst bestieg.

Sequoia und Kings Canyon National Parks

Zu den Sequoia und Kings Canyon National Parks gehören eine eindrucksvolle Hochgebirgslandschaft im Süden der Sierra Nevada und die legendären Mammutbäume. Aus dem schroffen Gebirgszug ragt der 4418 Meter hohe Mount Whitney empor, der höchste Berg der USA außerhalb Alaskas. Die Mammutbäume werden nicht ganz so hoch wie die Redwoods im nördlichen Kalifornien, erreichen dafür aber einen Stammdurchmesser von elf Metern. Die widerstandsfähigen Bäume überlebten sogar die letzte Eiszeit. Verbunden sind die beiden Nationalparks durch den Generals Highway. Die Straße führt durch den Giant Forest im Westen des Sequoia Parks, in dem man alle Wachstumsphasen der Mammutbäume studieren kann. Der mächtigste Baum in diesem Gebiet ist der »General Sherman« mit einer Höhe von 83,8 und einem Umfang von 32 Metern.

Das Death Valley erstreckt sich ganz im Osten Kaliforniens auf einer Fläche von rund 10 000 Quadratkilometern. Etwa ein Fünftel des Gebiets liegt auf Höhe des Meeresspiegels oder darunter; bei Badwater erreicht es mit 86 Metern unter Normalnull den tiefsten Punkt des nordamerikanischen Subkontinents. Zu seinen Naturschönheiten gehören der »Devil's Golf Course« mit seinen wild wuchernden Salzkristallen; der Ubehebe Crater, eine tiefe Grube von vulkanischem Ursprung; der in allen Farben schimmernde Golden Canyon, Dante's View und »Zabriskie Point«. Mitten im Tal liegt das Furnace Creek Inn, ein bequemes Motel mit Pool.

Death Valley

Das berühmt-berüchtigte Death Valley, das »Tal des Todes«, liegt im Südosten von Kalifornien an der Grenze nach Nevada und umfasst die heißen Wüstentäler zwischen der Panamint und der Amargosa Range. Im Sommer werden dort Temperaturen über 50 Grad Celsius gemessen. Erst seit 1994 ist das Gebiet ein Nationalpark. Die ersten Weißen, die das Tal betraten, wären beinahe darin umgekommen. Sie gehörten zu einem Wagenzug, der 1849 zu den Goldfeldern von Kalifornien unterwegs war. Sie nahmen eine vermeintliche Abkürzung und strandeten in der glühenden Hitze. Zwanzig Tage harrten sie aus, dann wurden sie gerettet. »Good-bye, Death Valley!«, soll einer der Siedler erleichtert gerufen haben, daher der Name des Tals. Auch heute noch ist bei einer Durchquerung äußerste Vorsicht geboten. Im Hochsommer sollte man nur mit reichlich Wasser aufbrechen.

Die Wüste lebt: Zwischen den Steinen und unter den Dornengestrüppen lauern Klapperschlangen, Skorpione und Königsnattern. Eine einsame Wüstenpiste führt an den Joshua Trees vorbei. Besonders abends scheint man auf dem Highway in ein wahres Zauberland zu fahren.

Mojave Desert, Joshua Tree National Park

Die Mojave Desert erstreckt sich südlich vom Death Valley bis nach Arizona und Nevada hinein. Bei den spanischen Eroberern hieß dieses menschenfeindliche Gebiet »Tierra del Muertos«, »Land der Toten«. Lange Zeit bildete das steinige Land ein unüberwindbares Hindernis für spanische und amerikanische Siedler. Dabei hat es auch seine schönen Seiten: Der Red Rock Canyon schimmert in allen Farben, das Antelope Valley verzaubert durch seine bunte Blütenpracht im Frühjahr. Östlich von Palm Springs recken die skurril geformten Joshua Trees ihre Arme zum Himmel. Ihren Namen erhielten die Pflanzen in dem gleichnamigen Nationalpark von den Mormonen, die sich durch die gereckten Äste der Kakteenpflanzen an die erhobenen Arme des Propheten Joshua erinnert fühlten, der einst den Weg ins gelobte Land gewiesen hatte.

Der Highway 50, auch die »einsamste Straße von Amerika« genannt, führt vom Lake Tahoe in Kalifornien zum Great Basin National Park (großes Bild: die Bristelcone Pine Grove) in Nevada. Rechte Seite: »Fly Geyser« in der Black Rock Desert.

In Jahrmillionen haben die Erosionskräfte von Wind und Wetter die Kalksteinformationen der Cathedral Gorge zernagt und ihr ein vielgestaltiges, oft skurriles Aussehen gegeben. Hier sieht Nevada noch wie zur Zeit des Wilden Westens aus.

Black Rock Desert, Great Basin National Park, Cathedral Gorge

Die Black Rock Desert liegt nordöstlich von Reno in Nevada und spaltet sich wie ein Y in zwei Arme: Der westliche Arm, der von Gerlach bis nach Double Hot Springs reicht, kann auch im Sommer befahren werden. Hier wurden bereits zahlreiche Geschwindigkeitsrekorde aufgestellt. Der östliche Arm folgt dem Quinn River und ist für alle Kraftfahrzeuge gesperrt. Aus dem Great Basin National Park in Nevada ragt der 3982 Meter hohe Wheeler Peak hervor, darunter liegen die Lehman Caves – eindrucksvolle Höhlen, die bereits im Jahr 1885 von dem Siedler Absalom Lehman durch einen Zufall entdeckt wurden. Der Wheeler Peak Scenic Drive führt durch den trockenen, aber sehr imposanten Nationalpark. Der Erosion sind die schroffen Felsgebilde im Cathedral Gorge State Park in Nevada zu verdanken. Vom Miller Point hat man die beste Aussicht.

Stadt der Illusionen – im Spiel wie in der Architektur. Riesige Hotels wie das ägyptisch angehauchte Luxor und das New York, New York sind glitzernde Entertainment-Paläste mit eigenen Achterbahnen und Special Effects sogar in der Lobby sowie gigantischen Casinos. Nur eines gibt es nicht: Uhren, denn geöffnet ist immer!

Spätestens seit den legendären Auftritten von Frank Sinatra und Elvis Presley gehören die Shows in den Casino-Hotels zum Feinsten, das die amerikanische Entertainment-Industrie zu bieten hat. Siegfried & Roy etablierten die erfolgreichste Show am Strip, an dem auch Gaststars wie Elton John und Celine Dion auftreten.

Las Vegas

Las Vegas, die glitzernde Spielerstadt in Nevada, fasziniert die Besucher seit den 1940er-Jahren mit ihren Casinos und funkelnden Lichtern. Damals eröffnete Bugsy Siegel, ein berüchtigter Unterweltkönig von der Ostküste, den ersten Spielpalast in dem Wüstennest: das Flamingo Hotel. Das Glücksspiel wurde schon im Jahr 1931 in Las Vegas legalisiert. Es folgte ein Casino nach dem anderen, und Bugsy Siegel wurde durch (fast) ehrliche Arbeit noch reicher. Die Stadt erwacht erst abends zum Leben, dann flackern die bunten Neonlichter am Strip, der Unterhaltungsmeile von Las Vegas, und die spielsüchtigen Touristen werden sogar in Tourbussen vorgefahren. Erst in den 1990er-Jahren mutierte Las Vegas zu einem riesigen Themenpark: Weil man erst mit 21 Jahren an einem Glücksspiel teilnehmen darf, wird seitdem die familiengerechte Unterhaltung gefördert.

Die Going-to-the-Sun-Road, eine der schönsten Hochgebirgsstraßen der Welt, führt von West Glacier nach St. Mary durch den Glacier National Park in Montana, vorbei an Bergriesen und Gletschern.

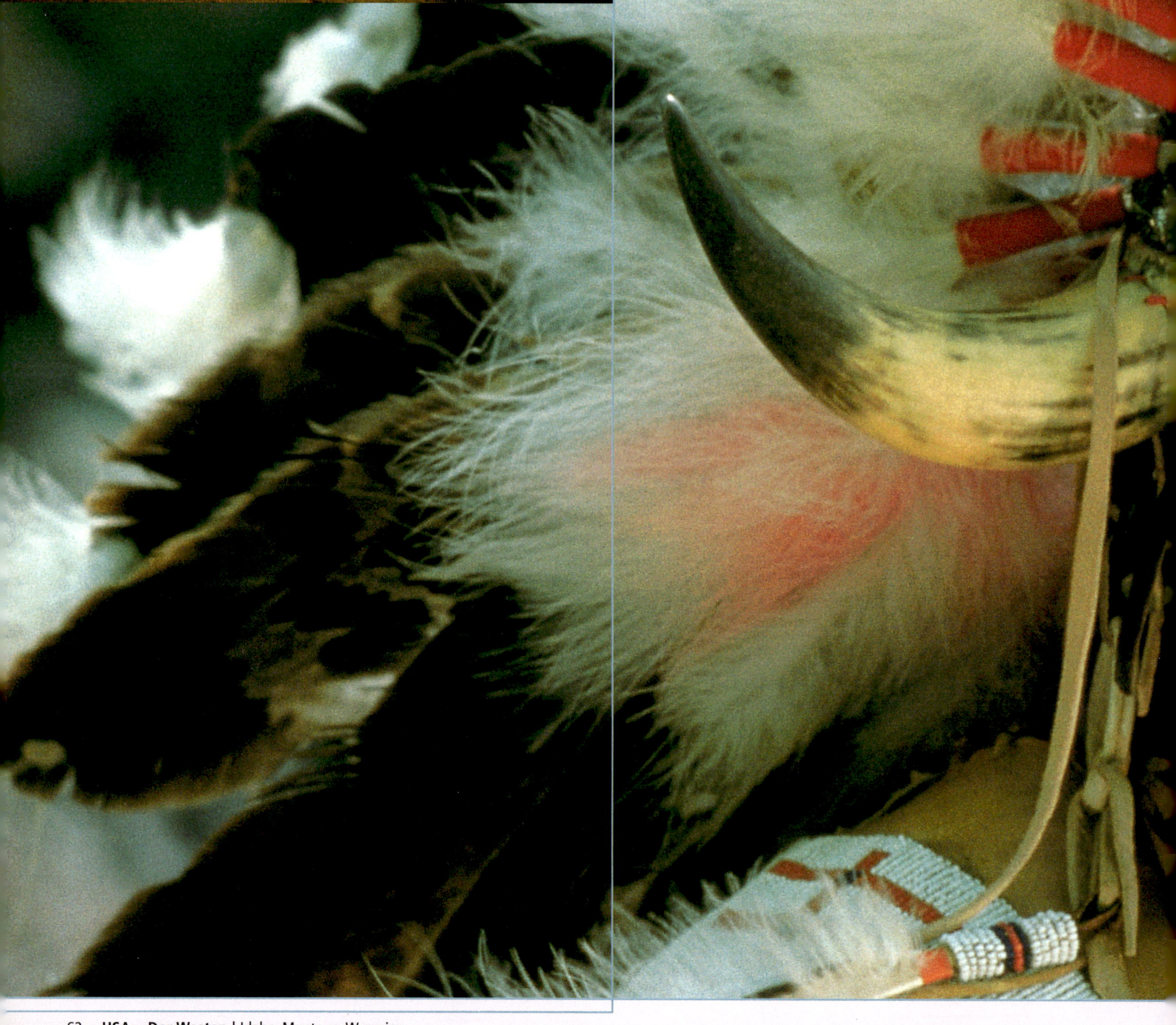

Dieser Indianerhäuptling denkt vermutlich oft zurück an die guten Zeiten zu Beginn des 19. Jahrhunderts, als die Prärieindianer noch nicht von weißen Siedlern und Goldgräbern bedrängt worden waren.

IDAHO, MONTANA, WYOMING

Die Hochprärie im östlichen Wyoming und Montana ist Indianerland. Hier lebten die Lakota, Cheyenne und Arapaho von der Jagd auf die riesigen Bisonherden. Noch heute erinnern die Indianer mit ihren Pow-wows an diese große Zeit. Im Westen der beiden Staaten und in Idaho bestimmen die mächtigen Rocky Mountains das landschaftliche Bild. Nationalparks wie Yellowstone und Grand Teton gehören zu den eindrucksvollsten Naturlandschaften des amerikanischen Westens.

Die Shoshone Falls sind nach dem gleichnamigen Indianerstamm benannt, der unterhalb der Wasserfälle nach Lachsen fischte. Der Anstieg ist zu steil für die wandernden Fische, an den Shoshone Falls endet ihre Reise. Die Indianer nannten den Wasserfall »Tobendes Wasser, das stürzt«.

Schroff ragen die Gipfel der Sawtooth Mountains in den Himmel. Um das Jahr 1824 zogen Trapper über die bewaldeten Hänge und jagten Pelztiere. Ihnen folgten die Goldgräber. Ihre Städte und Camps sind längst verschwunden. Die Natur hat sich nun längst ihren Platz wieder zurückerobert.

Sawtooth Mountains, Shoshone Falls

Mitten in Idaho ragen die mehr als 3000 Meter hohen Gipfel der Sawtooth Mountains empor. Die aus den dichten Wäldern emporstrebenden schneebedeckten Gipfel werden oft mit den europäischen Alpen verglichen. Zahlreiche Seen findet man in der näheren Umgebung jener Berge, die so dicht an dicht aus dem Boden gewachsen sind, dass sie kaum Platz für Täler ließen. Witzbolde behaupten deshalb, dass Idaho größer als Alaska wäre, wenn man es flach bügeln würde. Shoshone Falls, ein 70 Meter hoher Wasserfall, ergießt sich in mehreren Kaskaden in den Snake River bei Twin Falls. So eindrucksvoll wie zur Zeit der Planwagenzüge sind sie aber nur noch bei Hochwasser im Frühjahr. Bereits im Jahr 1902 entschied man sich, die Wasserkraft für kommerzielle Zwecke zu nutzen, und auf die Errichtung eines »Shoshone Falls National Parks« zu verzichten.

Der Swiftcurrent Lake im Glacier National Park von Montana. Anders als die übrigen Seen in dem Naturschutzgebiet darf der Swiftcurrent Lake teilweise auch kommerziell genutzt werden, etwa für Bootstouren.

Das Prince of Wales Hotel im kanadischen Waterton Lakes National Park. Durch die riesigen Panoramafenster des eindrucksvollen Gebäudes hat man einen großartigen Blick auf die umliegende Berglandschaft.

International Peace Park Waterton-Glacier

Der Waterton Lakes National Park in der kanadischen Provinz Alberta und der Glacier National Park im nördlichen Montana werden seit 1932 als »International Peace Park Waterton-Glacier« geführt. Seit 1995 gehört der Park zum Weltnaturerbe der UNESCO. Für Amerikaner und Kanadier symbolisiert er auch den Frieden zwischen ihren beiden Nationen. Im kanadischen Waterton Lakes National Park ragen die schroffen Berge der Rocky Mountains jenseits der flachen Prärie von Alberta empor und schaffen eine spektakuläre Naturkulisse. In der ungestümen Natur entwickelte sich eine einzigartige Flora und Fauna. Der Glacier National Park in Montana beeindruckt mit blau schimmernden Gletschern und kristallklaren Seen; der Logan Pass liegt auf der kontinentalen Wasserscheide inmitten eines Gletschergebiets. Die Eisenbahngesellschaft errichtete zahlreiche Hotels im Park.

Auf dem Schlachtfeld am Little Bighorn errangen die Indianer ihren größten Sieg gegen die US-Armee: Am 25. Juni 1876 überrannten die vereinigten Sioux, Cheyenne und Arapaho den Lieutenant Colonel George Armstrong Custer sowie 260 Soldaten und Bedienstete seines Siebten Kavallerieregiments und töteten sie bis zum letzten Mann. Chief Sitting Bull hatte den überwältigenden Sieg während eines Sonnentanzes vorhergesagt. Noch heue feiern einige Indianer beim Sonnentanz das Erwachen der Natur.

PRÄRIEINDIANER

Die Indianer der amerikanischen Hochprärie, Plains- oder Prärieindianer wie die Lakota, Cheyenne und Arapaho, waren in ihrer gesamten Kultur auf den Bison fixiert. Dieses heilige Tier gab ihnen alles, was sie zum Leben brauchten: Das Fleisch wurde gebraten oder gekocht, getrocknet und mit Beeren zu haltbarem Pemmikan verarbeitet; aus den Knochen wurden Werkzeuge und Waffen hergestellt, und aus den Fellen entstanden Kleidungsstücke. Um dem Jagdtier den nötigen Respekt zu erweisen, töteten die Krieger nur so viele Tiere, wie sie zum Leben brauchten, und sie entschuldigten sich nach jeder Jagd bei den toten Tieren. Auch in zahlreichen Zeremonien dieser Indianer nahm der Bison eine ganz zentrale Rolle ein; besonders der seltene weiße Bison galt als heilig. Als nach dem kalifornischen Goldrausch (1848) immer mehr weiße Siedler nach Westen vorstießen und skrupellose Jäger ganze Bisonherden abknallten, um an die wertvollen Felle heran zu kommen, blieb den Indianern keine andere Wahl: Nach zermürbenden Kämpfen und grausamen Massakern waren sie schließlich gezwungen,ihre bisherige Lebensweise aufzugeben, sich den weißen Soldaten zu ergeben und in Reservate zu ziehen. Dort leben viele Indianer noch heute von den Zuwendungen und Almosen der US-amerikanischen Regierung – ein trauriges Schicksal.

Bald nach der Gründung des Yellowstone National Parks reisten die ersten Touristen in das Naturschutzgebiet. Bis 1880 waren es allerdings insgesamt nicht mehr als 500. Der Ansturm auf die Naturschönheiten begann einige Jahre später, als die Eisenbahn den Park erreichte und man das erste Hotel erbauen ließ.

Die bunte Zauberwelt der Mammoth Hot Springs besteht aus Kalziumkarbonat, das sich vom Kalkstein unter der Erde gelöst hat und durch heißes Wasser an die Oberfläche getragen wird. An der Luft verfestigt es sich. Winzige Pflanzen verfärben den weißen Stein und schaffen ein Kaleidoskop aus schillernden Farben.

Yellowstone National Park

Der Yellowstone National Park ist eine majestätische Wildnis mit Bergen, Flüssen und Seen sowie über 300 Geysiren. Kaltes Wasser sinkt in beinahe zwei Kilometer tiefe Hitzekammern, wird dort aufgeheizt und durch schmale Kanäle an die Oberfläche gepresst. Am verlässlichsten zeigt sich »Old Faithful«, der ungefähr alle 70 Minuten seine kochenden Wassersäulen aus dem Boden schleudert. Der Steamboat Geysir, der im Jahr 1978 zum letzten Mal ausbrach, ist mit einer Fontäne von 100 Metern der höchste Geysir der Welt. Dunstiger Schwefelrauch hängt in dichten Schwaden über dem Norris Geysir Basin. Weitere Highlights im Yellowstone National Park: der Grand Canyon of the Yellowstone mit zwei riesigen Wasserfällen, den Upper und den Lower Falls, und die eindrucksvolle Tierwelt: Bisons, Bären sowie Wapiti-Hirsche wagen sich bis an die Straße heran.

Heiße Quellen wie die Morning Glory Prismatic Spring (oben links) entstanden vermutlich aus Geysiren, die im Lauf der Jahrtausende ihre Eruptionskraft verloren. Im Winter hat Yellowstone einen ganz eigenen Reiz (oben rechts: West thumb Geyser Basin). Mikroorganismen verleihen der Grand Prismatic Spring ihre grell-bunten Farben (großes Bild). Mehrere Meter hoch ist die Wasserfontäne des White Dome Geyser (linke Seite).

NATURGEWALTEN IM YELLOWSTONE

Vor zwei Millionen Jahren kam es im Gebiet des heutigen Yellowstone National Parks zu gewaltigen Vulkanausbrüchen. Vor 1,2 Millionen und vor 600 000 Jahren wiederholte sich das Schauspiel. Daraufhin brach der Vulkan zusammen und bildete eine riesige Caldera. Die heiße Magmakammer im Inneren der Erde erzeugt noch immer eine große Hitze und heizt auch das Wasser der Geysire auf, das durch den ungeheuren Druck zurück an die Erdoberfläche gedrängt wird. Noch immer brodelt und zischt es in den zahlreichen heißen Quellen und Schlammlöchern des Parks. Hinter den Mammoth Hot Springs ragen die Berge der Gallatin Range aus dem hügeligen Land. Die asphaltierte Rundstraße windet sich zwischen den Felsen des »Golden Gate« nach oben in das Norris Geysir Basin. Hunderte von Geysiren und heißen Quellen dampfen neben den Plankenwegen. Das heiße Wasser des Constant Geysir schießt alle paar Minuten aus der Erde. Der heiße Firehole River fließt durch die Upper, Midway und Lower Geysir Basins an der Straße zwischen Madison Junction und Old Faithful, dem bekanntesten Geysir. Alle acht Stunden etwa entlädt sich der Great Fountain Geysir. Im Upper Geysir Basin beeindruckt der Emerald Pool mit seinem auffalenden smaragdgrünen Wasser. Diese grüne Farbe wird durch Algen auf dem Grund des Pools gebildet.

Der Bison, landläufig auch Büffel genannt, ist ein mächtiges und zottiges Tier, das bis zu 1000 Kilo wiegt und eine Körperlänge von etwa drei Metern erreicht. Auf kurzen Strecken schafft ein Bison eine Geschwindigkeit von 60 Kilometern pro Stunde. Bisons leben in kleinen Herden bis zu 20 Tieren; nur zur Paarungszeit im Sommer vereinigen sie sich zu über tausendköpfigen Herden. Zwischen den Bullen kommt es in dieser Zeit häufig zu Kämpfen. Die Wiederkäuer leben von Gräsern, Moosen und Flechten.

BISONS: LEBENSGRUNDLAGE DER INDIANER

Bevor die weißen Siedler nach Westen zogen und damit begannen, die Bisonherden systematisch abzuschlachten, um die Indianer ihrer Lebensgrundlage zu berauben, zogen ungefähr 30 Millionen der zottigen Tiere über die Prärie. Bis zum Ende des 19. Jahrhunderts waren die Herden bis auf wenige hundert Tiere ausgerottet. Während der Indianerkriege ermutigten Generäle profesionelle Büffeljäger, so viele Tiere wie möglich abzuschießen, denn dies hielten sie für den einfachsten Weg, um die Indianer in Reservate zu zwingen. Ganze Herden wurden nur wegen der Häute getötet. Einer der bekanntesten Büffeljäger war Buffalo Bill Cody, der heute als Nationalheld gefeiert wird. Auch die Indianer trugen zum Untergang des Bisons bei, indem sie kostbare Felle tauschten und im Überfluss nur das beste Fleisch aßen. Mit dem neuen Gesundheitsbewusstsein der Amerikaner und der gesteigerten Nachfrage nach Büffelfleisch wuchsen auch die Herden wieder. Heute gibt es ungefähr 200 000 Bisons in den USA. Die größten Herden findet man im Custer State Park, Yellowstone National Park und auf zahlreichen Buffalo Ranches. Büffelfleisch ist sehr mager und enthält kaum Cholesterin, es eignet sich sogar für eine Diät. Im Westen werden in zahlreichen Lokalen leckere Buffalo Burgers verzehrt. Die Abschussquote wird streng überwacht.

Zu den Attraktionen im Grand Teton National Park gehören der Jenny Lake, das Sumpfgebiet Willow Flats am Jackson Lake, die Signal Mountain Road – eine gewundene Bergstraße mit schönen Ausblicken –, die Cunningham Cabin, das ehemalige Ranchhaus eines frühen Siedlers, und das Indian Arts Museum.

Der Fallensteller John Colter soll der erste Weiße gewesen sein, der das Gebiet des späteren Nationalparks zu Gesicht bekam. Im Winter1807/1808 überquerte er den Teton Pass. Die Erschließung des Tals begann erst mit der Ankunft des Siedlers John Holland im Jahr 1884. In der Folgezeit ließen sich hier Rancher nieder.

Grand Teton National Park

Der Grand Teton National Park gehört zu den schönsten Naturlandschaften des US-amerikanischen Westens. Er wurde im Jahr 1929 gegründet und liegt im Nordwesten von Wyoming, südlich von Yellowstone. Zu dem Park gehören die rund 4000 Meter hohen Gipfel der Teton Range, die sich wie Zähne aus dem zerklüfteten Land erheben, und das langgestreckte Tal des Snake Rivers. Der höchste Berg ist der Grand Teton mit 4197 Metern. Zu den bekanntesten Gipfeln gehört außerdem der Mount Moran. Das sehenswerte Jackson Hole ist von malerischen Seen wie dem Jackson Lake und dem romantisch gelegenen Jenny Lake umgeben. Am Snake River grasen Elche und Hirsche in Sichtweite der wenigen Hotels. Zu den schönsten Wanderwegen gehört der elf Kilometer lange Trail durch den Cascade Canyon. Unterwegs sieht man Elche, Adler und Murmeltiere.

Nach dem amerikanischen Bürgerkrieg (1861 – 1865) gab es noch keine Eisenbahn in Texas. Die nächsten Verladebahnhöfe für Schlachtvieh warteten in Kansas. Über tausend Meilen trieben wagemutige Cowboys die Herden nach Norden.

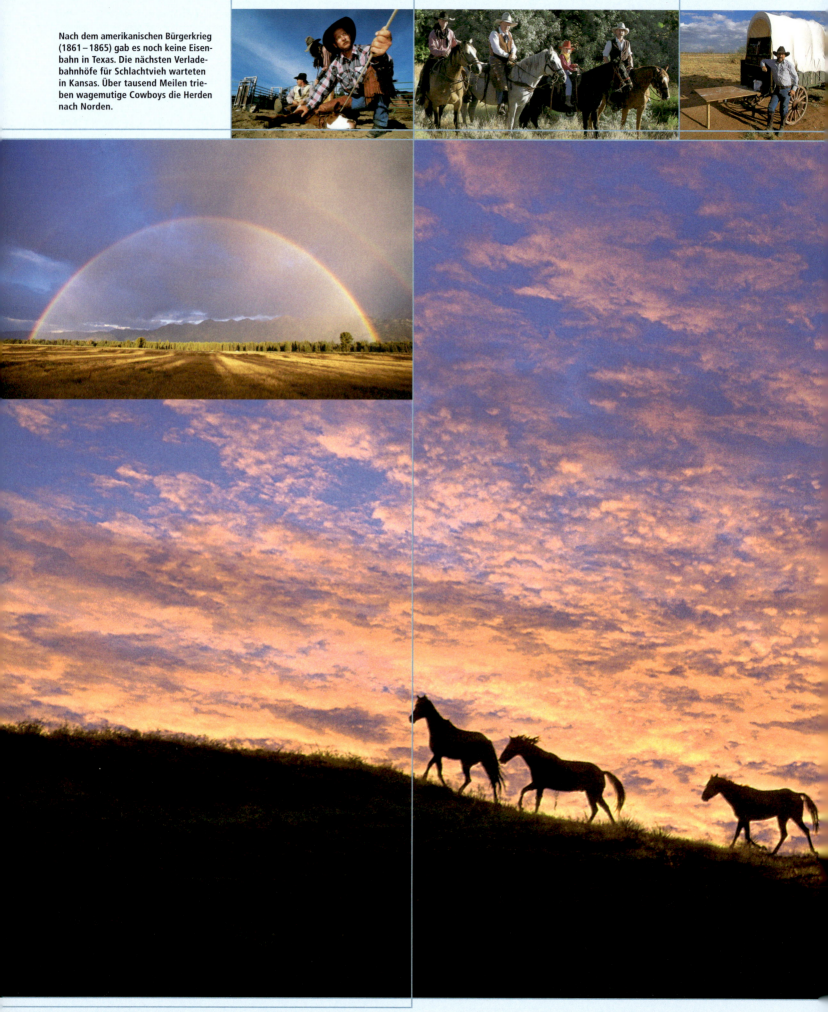

COWBOYS: FÜR EINE HANDVOLL DOLLAR

Cowboys gab es schon im 17. Jahrhundert. Im Frühling des Jahres 1655 trieben irische Kriegsgefangene, die von Cromwell nach New England deportiert worden waren, eine kleine Herde Mastrinder von Springfield nach Boston. Hundert Jahre später wurde das Wort Cowboy für die Rinderhirten von Virginia, Carolina und Georgia gebräuchlich. In Texas tauchten Cowboys erst nach dem texanischen Unabhängigkeitskrieg von 1830 bis 1836 auf. 1902 begründete Owen Wister in seinem Roman »The Virginian« den Prototypen des wortkargen und romantischen Helden als Vorbild aller Cowboys im 20. Jahrhundert. Vor allem waren sie harte Arbeiter: Für 30 Dollar im Monat, freie Verpflegung und Unterkunft schufteten sie von frühmorgens bis spät in die Nacht. Die Hauptarbeit mit den Rindern wartete im Frühling und Herbst, wenn die Tiere zusammengetrieben, gezählt und mit Brandzeichen versehen wurden. Jeder Cowboy hatte sein bestimmtes Aufgabengebiet: mit den Cutting Horses wurden Rinder von der Herde getrennt, die Ropers fingen die Tiere mit dem Lasso, und die Flankers warfen sie auf die Seite. Der Ironman brannte dem Tier das Brandzeichen ein. Im Winter wurden die meisten Cowboys entlassen; es gab kaum noch etwas zu tun. Sie lebten von ihrem ersparten Geld oder mussten sich ihre Mahlzeiten manchmal auch zusammenbetteln.

Kanab, eine Kleinstadt in Utah, ist von einer Zauberwelt aus buntem Stein umgeben. Über 50 Filme, und nicht nur Western, wurden hier gedreht. Die Vermillion Cliffs liegen inmitten einer Wilderness Area.

Das sagenumwobene Monument Valley, durch die Western von John Ford bekannt geworden, liegt südlich von Moab. Seit 1960 steht es als »Tribal Park« der Navajo-Indianer unter Naturschutz.

UTAH, COLORADO

Die Felsenparadiese in Utah und Colorado, in ungezählten Westernfilmen die natürliche Kulisse für Filme mit John Wayne und Gary Cooper, gehören zu den beeindruckendsten Landschaften der Erde. Felsige Tafelberge im Monument Valley, steinerne Bögen im Arches National Park, die dunkelbraunen »Orgelpfeifen« im Bryce Canyon – kein Staat der USA hat so viele Naturwunder aufzuweisen wie Utah. Und in Colorado warten die schroffen Gipfel der Rocky Mountains sowie Denver, die »Hauptstadt« des US-amerikanischen Westens.

Die Mormonenkirche geht auf Joseph Smith zurück. Er will dem Engel Moroni begegnet sein und den Auftrag erhalten haben, die christliche Kirche zu erneuern. Leider tauchten die goldenen Tafeln, die der Engel gebracht haben soll, nie auf. Das Buch Mormon geht auf die Schriften dieser geheimnisvollen Tafeln zurück.

Salt Lake City

Salt Lake City liegt am Großen Salzsee in Utah. Die Stadt wurde im Jahr 1847 von den Mormonen gegründet, die nach einem langen Marsch durch halb Amerika glaubten, hier das Gelobte Land erreicht zu haben. Sie verlegten das Zentrum der »Kirche der Heiligen der Letzten Tage« in die Stadt und bauten einen riesigen Tempel, der heute das Wahrzeichen der Stadt bildet. Vierzig Jahre lang arbeiteten sie an dem gigantischen Bauwerk. Selbst Angehörige der Mormonenkirche dürfen den Tempel nicht ohne weiteres betreten. Das Mormon Tabernacle, ebenfalls am Temple Square gelegen, bietet über 6000 Gläubigen Platz und ist die Heimat des berühmten Mormon Tabernacle Choir. Das Brigham Young Monument erinnert an den legendären Kirchenführer und Städtegründer. Nördlich vom Temple Square ragt das Utah State Capitol in die Höhe, es wurde im Jahr 1916 erbaut.

Prähistorische Indianer waren die ersten Bewohner der Wüste am Capitol Reef. Felszeichnungen berichten von friedlichen Ackerbauern. Im 19. Jahrhundert siedelten Mormonen in dem Land und errichteten Obstfarmen, mussten dann aber wegen Überschwemmungen weiterzuziehen.

Zu den Highlights am Capitol Reef gehören spektakuläre Felsformationen wie die Twin und die Chimney Rocks, die »Goosenecks« genannten Windungen des Sulphur Creeks, der Capitol Dome, ein monumentaler Felsen, und die Sandsteinformationen im Cathedral Valley.

Capitol Reef National Park

Im Capitol Reef National Park ragt ein von bunten Gesteinsschichten durchzogenes Sandsteinriff hoch über dem Fremont River auf. Mehr als 250 Millionen Jahre sind die Felsen alt. Die Felswand gehört zur Waterpocket Fold, einer zerklüfteten Bergkette. Sie war von einem gewaltigen Meer bedeckt, das sich tief in die Felsen grub und ein Zauberreich der Formen und Farben hinterließ. Schokoladenfarbige Schichten erinnern an die große Flut; gelber Chinle-Stein entstand, als das Wasser verschwand und sich die Felsen aus dem Meer hoben. Im späten 19. Jahrhundert sollen sich die legendären Banditen Butch Cassidy und Sundance Kid, durch Paul Newman und Robert Redford cineastisch unsterblich gemacht, in den verzweigten Schluchten des Felslabyrinths versteckt haben. Dem so genannten Outlaw Trail hat Robert Redford in einem Bildband ein Denkmal gesetzt.

Die prähistorischen Anasazi-Indianer lebten in Felswohnungen (»Cliff Dwellings«), wo sie vor Unwettern und Feinden besser geschützt waren. Sie waren Ackerbauern und sollen mit mexikanischen Hochkulturen in Verbindung gestanden haben.

Über hundert Western entstanden in der Gegend um Kanab – wie »Bandoloero« mit James Stewart, Dean Martin und Raquel Welch. Im Johnson Canyon drehte man außerdem zahlreiche Außenaufnahmen für die TV-Serie »Rauchende Colts«.

Grand Staircase Escalante National Monument

Die paradiesische Felsenlandschaft im südlichen Utah wurde erst im September 1996 zum National Monument erklärt. Die in allen Rot- und Brauntönen schillernden Felsformationen, Plateaus und Canyons gelten immer noch als Geheimtipp. Das riesige Territorium gliedert sich in drei Teile: den Grand Staircase, östlich anschließend das Kaiparowits Plateau und die Escalante Canyons. Zu den schönsten Gebieten gehören der Red Canyon, der Kodachrome Basin State Park, der seinem Namen alle Ehre macht und in sämtlichen Farben leuchtet; der Grosvernor Arch, ein dreißig Meter hoher Felsbogen; der Paria Canyon mit den bunten Vermillion Cliffs, der versteinerte Wald des Escalante Petrified Forest State Parks, die entlegenen Escalante Canyons, die prähistorischen Indianersiedlungen im Anasazi Indian Village State Park und die Gegend um Kanab mit ihren natürlichen Filmkulissen.

Heftiger Wind formte »The Wave« (»Die Welle«) in den Vermillion Cliffs, einem der eindrucksvollsten Felsengebiete des Colorado Plateaus in der Nähe von Kanab in Utah. Die Felsformation liegt westlich von Top Rock, wenige hundert Meter von der Staatsgrenze zwischen Utah und Arizona entfernt. Vom Wire Pass führt ein drei Meilen langer Wanderpfad zur Wave.

Der Mesa Arch, ein gigantischer Felsbogen im Canyonlands National Park, ist eines der beliebtesten Fotomotive im amerikanischen Südwesten. Besonders am frühen Morgen, wenn die ersten Sonnenstrahlen die Unterseite berühren, drängen sich die Fotografen auf der Mesa. Die beste Zeit, um das Foto möglichst perfekt zu bekommen, ist der Oktober.

EROSIONEN: VON WIND UND WETTER GEFORMT

Der amerikanische Südwesten ist ein Felsenparadies. Besonders auf dem Colorado Plateau mit Naturwundern wie dem Grand Canyon, dem Bryce Canyon, dem Arches National Park, dem Canyonlands National Park, dem Capitol Reef und dem Monument Valley haben geologische Prozesse sowie Wind und Wetter eine fantasievolle Felslandschaft geformt. Geologisch gerechnet ist das Colorado Plateau noch sehr jung. Es entstand vor höchstens 20 und mindestens fünf Millionen Jahren, gegen Ende des Tertiärs, als die Rocky Mountains ihre letzte Hebungsphase erlebten – ungefähr zur selben Zeit, als die europäischen Alpen entstanden. Mit der ungewöhnlich starken Erosion, die nach diesem Prozess einsetzte, gruben sich die Flüsse, namentlich der Colorado River, tief in die rotbraunen Sedimentgesteine hinein und formten spektakuläre Schluchten wie Grand Canyon, Bryce Canyon und Zion Canyon, nur wenige Kilometer voneinander entfernt. Während der Eiszeiten, die vor ungefähr zwei Millionen Jahren begannen und erst vor 10000 Jahren ein Ende fanden, verstärkte sich der Erosionsprozess durch herabstürzendes Gletscherwasser, Moränen und Schotterablagerungen. Besonders leicht verformte sich der Kalkstein, aber auch schieferartige Gesteine blieben von der Erosion nicht verschont und zeigen sich heute in skurrilen Formen.

Der Delicate Arch gehört zu den Wahrzeichen des amerikanischen Südwestens und ist auf zahlreichen Nummernschildern in Utah zu finden. Jenseits der Wolfe Ranch, die nach dem Bürgerkrieg von einem Veteranen errichtet wurde, hat man den schönsten Blick auf den fantastischen rotbraunen Gesteinsbogen.

Zwischen April und Juli blüht auch im sonst so wüstenähnlichen Arches National Park die Natur: An vielen Stellen zeigen sich bunte Wildblumen zwischen den Felsen. Die meisten Tiere sieht man wegen der tagsüber in der Regel sehr heißen Temperaturen nur nachts, darunter Kojoten, Rotfüchse und Maultierhirsche.

Arches National Park

Gesteinsbögen und -fenster, die in einem Zeitraum von 150 Millionen Jahren von Wind und Wetter aus dem Fels gewaschen wurden, stehen seit dem Jahr 1929 unter dem Schutz der Regierung. Seit 1971 gehören sie zum Arches National Park in der Nähe von Moab, Utah. Der Arches Scenic Drive geleitet zu den eindrucksvollsten Aussichtspunkten. Spaziergänge führen durch die Park Avenue, eine von steilen Felswänden gesäumte Allee, und zum Balanced Rock. Weitere Attraktionen sind steinerne Fenster wie das North Window, der Delicate Arch – der über einen drei Kilometer langen Wanderweg zu erreichen ist und die Höhe eines siebenstöckigen Hauses erreicht – sowie der Landscape Arch, der mit seinen 90 Metern Länge sogar im Buch der Rekorde steht. Im Devil's Garden erheben sich über 60 steinerne Bögen; ein kurzer Trail beginnt am Double O Arch.

Sonnenuntergang im Canyonlands National Park. Ein 450 Meter langer Trail führt zum Mesa Arch hinauf, dem meistfotografierten Felsbogen in diesem Naturschutzgebiet. Am Horizont sind die Gipfel der La Sal Mountains zu sehen. Seit 1964 stehen die Felsen der Canyonlands unter dem Schutz der Regierung.

Blick auf Flussschleife des Colorado River. Der Canyonlands National Park ist dreigeteilt: »Islands in the Sky« kann man mit dem Auto anfahren, vom Grandview Overlook sieht man die tiefen Canyons. Im »Needles District« präsentiert sich die Natur am vielseitigsten. »The Maze« wird das Hinterland genannt.

Canyonlands National Park

Die Canyonlands im südlichen Utah gehören zu den aufregendsten Landschaften der Erde. Das Gebiet, das in der ersten Hälfte des 20. Jahrhunderts nur Indianern und geübten Reitern zugänglich war, wurde im Jahr 1964 zum Nationalpark erklärt. Viele Trails führen in die tiefen Schluchten und versteckten Täler. Sie erschließen eine märchenhafte Welt aus buntem Stein. Wie ein grünes Band ziehen sich Green River und Colorado durch die Felsengebilde. Nur auf einer Wanderung lernt man die ganze Schönheit dieses Parks kennen. Autofahrer müssen sich mit zwei Stichstraßen begnügen: Vom Grandview Point Overlook hat man einen tollen Ausblick auf die Schluchten des Green River und des Colorado River, beim Needles Visitor Center beginnen Trails, die an den Nadeln im Süden vorbeiführen. Für Wanderer reserviert bleibt der Maze District im abgelegenen Hinterland.

Die kilometerlangen Schluchten des Colorado River gehören zu den größten Naturwundern der Erde. Von zahlreichen Aussichtspunkten hat man einen überwältigenden Ausblick. Nur im Geländewagen, im Sattel eines Pferdes oder zu Fuß lassen sich diese Zauberlandschaften erkunden.

Zahlreiche Western wie »Geronimo«, aber auch John-Wayne-Filme sowie Werbefilme und TV-Spots wurden in den Canyonlands rund um Moab gedreht. Früher ein verschlafenes Wüstennest im südöstlichen Utah, ist der Ort heute ein Touristen-Mekka und gilt als »Hollywood des Westens«.

Deadhorse Point

Wenige Kilometer von Moab entfernt liegt Dead Horse Point, der wohl spektakulärste State Park in Utah. Von der 600 Meter hohen Abbruchkante einer gewaltigen Felshalbinsel geht der Blick auf den Colorado River, der in zahlreichen Windungen durch eine grandiose Felslandschft gen Westen fließt. Über 150 Millionen Jahre brauchten die gewaltigen Kräfte der Natur, um dieses Spektakel zu formen. Vor der Jahrhundertwende weideten riesige Mustangherden auf den umliegenden Mesas. Sie wurden von den Cowboys auf die felsige Halbinsel getrieben, mit dem Lasso eingefangen und eingeritten. Die Legende berichtet, dass einige Pferde auf dem Plateau blieben und in Sichtweite des Colorado Rivers verdursten mussten, weil es keinen Fluchtweg gab. Heute gibt es am Deadhorse Point nur noch nachtaktive Tiere, zum Beispiel Kojoten, Füchse und kleine Reptilien.

Waschbären, Berglöwen und Stinktiere gehören zur mannigfachen Fauna im Zion National Park. Allerdings meiden diese Tiere die Tageshitze und sind meist nur nachts unterwegs. Im Sonnenlicht kann man eine Vielzahl von Eichhörnchen, aber auch Maultierhirsche und die eindrucksvollen Dickhornschafe beobachten.

Zion National Park

Der Zion National Park liegt im südlichen Utah und fasziniert mit hohen Plateaus, tiefen Schluchten, klobigen Tafelbergen. In das farbenreiche Gestein grub sich der Virgin River und formte den Zion Canyon, der seinen biblischen Namen den Mormonen verdankt, die in diesem Gebiet zuerst siedelten. Sie hatten nach fruchtbarem Farmland gesucht und glaubten, den Himmel auf Erden gefunden zu haben. Auch den imposanten Felsformationen gaben sie biblische Bezeichnungen: East Temple, West Temple, Great White Throne. Seit dem Jahr 1919 ist Zion ein Nationalpark. Am Virgin River, einem Nebenfluss des Colorado River, führt ein asphaltierter Scenic Drive durch den Canyon und zum 13 Kilometer entfernten Temple of Sinawava. Von dort erreicht man über einen Wanderweg den Weeping Rock, einen bewachsenen Felsüberhang, sowie Angel's Landing.

Über 2000 Meter hoch liegt der Bryce Canyon. Im Winter sind die roten Felsen mit Schnee bedeckt. Über das Paunsaugunt Plateau und um den Canyon herum gibt es einen Scenic Drive mit vielen Aussichtspunkten, die einen schönen Blick in die faszinierende Schlucht gestatten. Schmale Pfade führen in den Canyon hinab.

Zu den Sehenswürdigkeiten im Bryce Canyon National Park gehört das Bryce Amphitheater, der eigentliche Canyon mit den skurril geformten steinernen Orgelpfeifen, die man am besten vom Sunrise Point bestaunt. Gute Ausblicke genießt man auch vom Rainbow und Yovimpa Point wie vom Farview Point.

Bryce Canyon National Park

Orgelpfeifen gleich erheben sich die roten Felsennadeln des Bryce Canyon aus dem felsigen Boden. »Rote Felsen, die wie Männer in einer schüsselförmigen Schlucht stehen«, hatten die Indianer den Canyon getauft. Seinen neuen Namen verdankt er dem Siedler Ebenezer Bryce, der zu Beginn des 20. Jahrhunderts in den Canyon zog. Die farbenprächtigen Kalksteinformationen, in Jahrmillionen durch Erosion geschaffen, tragen fantasievolle Namen wie Thor's Hammer, Queen's Castle, Gulliver's Castle, Hindu Temples und Wall Street. Nirgendwo sonst, nicht einmal im Grand Canyon, war die Natur so launisch wie hier. Seit 1924 ist der Bryce Canyon ein Nationalpark. Eine Asphaltstraße führt zu Aussichtspunkten wie dem Sunset Point und dem Rainbow Point; wesentlich interessanter ist eine Wanderung über den Under-the-Rim-Trail, der unterhalb des Canyonrandes entlang führt.

Der Antelope liegt auf dem Gebiet der Navajo-Indianer und kann nur im Rahmen einer Führung besichtigt werden. Er verzaubert vor allem durch das schräg einfallende Licht.

An Bord eines Hausboots, das man in Wahweap oder Bullfrog mieten kann und möglichst ein halbes Jahr im Voraus bestellen sollte, erkundet man den Lake Powell am besten.

Antelope Canyon, Lake Powell

Ungefähr fünf Kilometer von der kleinen Stadt Page entfernt liegt der Antelope Canyon, ein wichtiger fotografischer »Hot Spot« des US-merikanischen Westens. Der gewaltige Stausee Lake Powell liegt an der Grenze zwischen Utah und Arizona und bedeckt eine Fläche von mehr als 5000 Quadratkilometern. Durch den Glen Canyon Dam, der im September 1963 fertiggestellt wurde, staut sich der Colorado River in mehr als 90 Schluchten. Drei Jahre brauchte das Wasser, um die tiefen Canyons zu füllen. Die Küste des Sees ist dank der vielen Windungen länger als die gesamte Westküste der USA. Der Castle Rock ragt wie ein heiliger Berg aus dem See und musste in John Hustons Monumental-Film »Die Bibel« mit Peter O'Tool und Ava Gardner als Berg Sinai herhalten. Die Rainbow Bridge, ein steinerner Bogen, ist mit 92 Metern die höchste natürliche Brücke der Welt.

Bekannt wurde das Monument Valley vor allem durch die Western des Regisseurs John Ford, der so berühmte Filme wie »Bis zum letzten Mann«, »Der schwarze Falke« und »Stagecoach« in dem Tal drehte. Auf diese imposante Kulisse hatte ihn Harry Goulding aufmerksam gemacht, der Besitzer eines Handelspostens.

Im Monument Valley gibt es keinen Massenbetrieb und keine asphaltierten Straßen: Die Navajos wachen eifersüchtig über ihren »Tribal Park«. Nur über einen 22 Kilometer langen Rundkurs darf man durch das Tal fahren, weiter geht es mit einer geführten Tour der Navajos, die Geld für ihre Stammeskasse brauchen.

Monument Valley

Das schönste Tal der Erde, das achte Weltwunder, eine Zauberwelt aus rotem Fels – das Monument Valley an der Grenze zwischen Utah und Arizona symbolisiert den US-amerikanischen Südwesten vielleicht am besten. Durch die zahlreichen Filme, die hier gedreht wurden, wurde es beinahe zu einer mythischen Landschaft. Die felsigen Kolosse und steinernen Nadeln ragen als eindrucksvolle Monumente in den Himmel, ihre Größe wirkt erdrückend und verzaubernd zugleich. Sie tragen fantasievolle Namen wie »Linker Handschuh« und »Rechter Handschuh«; eine schlanke Felsnadel heißt »Totem Pole«, und die drei nebeneinander stehenden Felssäulen, die ursprünglich »Three Sisters« genannt wurden, bekamen den Namen »Big W« für John Wayne, weil sie gegen den Himmel betrachtet wie ein großes W aussehen – und weil John Wayne so viele Filme in ihrem Schatten drehte.

Die grandiose Bergwildnis im Rocky Mountains National Park in Colorado lockt mit blumenübersäten Gebirgswiesen, die bereits über 2000 Meter hoch liegen, und schneebedeckten Berggipfeln von mehr als 3000 Metern Höhe. Sogar mit dem Auto kann man über die – allerdings nur im Sommer geöffnete – Trail Ridge Road zwischen Estes Park und Grand Lake fahren. Auf 3660 Meter Höhe hat man eine alpine Landschaft von einzigartiger Schönheit vor Augen.

URWÜCHSIGE NATUR IN DEN ROCKY MOUNTAINS

Wie eine gewaltige Mauer ziehen sich die Rocky Mountains von Alaska über die kanadische Provinz British Columbia und die US-Staaten Montana, Wyoming, Idaho sowie Colorado bis hinein nach New Mexico. Der höchste Berg des gewaltigen Felsengebirges ist der Mount Elbert (4399 Meter) in Colorado. Zahlreiche Nationalparks wie Jasper, Banff, Glacier, Yellowstone und Grand Teton liegen in ihrem Einzugsbereich. Das Faltengebirge entstand in einem geologischen Zeitalter, das vor 70 Millionen Jahren begann und vor 30 Millionen Jahren endete. Damals waren die Rockies noch über 7000 Meter hoch, zerfielen dann aber in zahlreiche Gebirgsketten, Schluchten und Täler und nahmen ihre heutige Form an. Zu den berühmten Urlaubszielen in den Rockies gehören die genannten Nationalparks sowie das Wandergebiet um den Mount Robson in Kanada, die Royal Gorge – eine dunkle und tiefe Schlucht – und bekannte Skiorte wie Aspen, Vail und Breckenridge. Während der Pionierzeit galten die Rocky Mountains vor allem als ein kaum zu überwindendes Hindernis, nur im Sommer kamen die Planwagenzüge über den South Pass nach Westen. Viele Tragödien spielten sich in den Bergen ab. Auch die Konstrukteure der transkontinentalen Eisenbahn kämpften gegen die Felswände. Heute sind sie vor allem wegen ihrer urwüchsigen Natur beliebt.

Denver verdankt seine Existenz dem Goldrausch von 1858, als rund 150 000 Goldsucher in den östlichen Ausläufern der Rockies »Denver City« gründeten. Nach dem Goldrausch wuchs Denver zu einer geschäftigen Handelsstadt heran.

Nur wenige Meilen vor der Stadt präsentiert sich die Natur stellenweise noch genauso wie im 19. Jahrhundert, als Millionen von Büffeln über die Prärie zogen und die Planwagenzüge der ersten Siedler oder Goldsucher nach Westen rollten.

Denver

Die Haupstadt von Colorado liegt genau eine Meile hoch: Auf der fünfzehnten Stufe des Kapitols steht man exakt 1609 Meter über dem Meeresspiegel. Die Kuppel des Kapitols ist mit einer 24-karätigen Goldschicht überzogen. Außerdem rühmt sich Denver einer vorbildlich gestalteten Innenstadt mit zahlreichen Parks und einer Fußgängerzone nach europäischem Muster. Im Civic Center Park erinnern überlebensgroße Statuen an die Pionierzeit. Am historischen Larimer Square wurden viktorianische Häuser aus der Zeit des Wilden Westens liebevoll restauriert. Inzwischen sind verschiedene Restaurants, Boutiquen, Bistros und Cafébars in die ehemaligen Gemischtwarenläden und Saloons eingezogen. Zu der Vielzahl von interessanten Museum gehören das Museum of Western Art, das American Cowboy Museum und das Denver Art Museum mit indianischer Kunst.

Als talentierte Baumeister und Handwerker gingen die prähistorischen Anasazi-Indianer in die Geschichte ein. Die »Cliff Dwellings« von Mesa Verde sind der sichtbare Beweis für ihre Fähigkeit, stabile Häuser in einer trockenen und feindlichen Wildnis zu errichten.

Ihre Abhängigkeit von den Naturgewalten machte die Anasazi zu gläubigen Menschen, die für eine gute Ernte, eine erfolgreiche Jagd und den notwendigen Regen beteten. Ihre Zeremonien hielten sie in runden »Kivas« ab, die man in Mesa Verde bestaunen kann.

Mesa Verde

Die Felsenhäuser von Mesa Verde liegen auf einem 2500 Meter hohen Tafelberg im südwestlichen Colorado. Sie erinnern an die Blütezeit der prähistorischen Indianer, die von den Navajos »Anasazi« (»Die Alten«) genannt wurden und zwischen 600 und 1400 n. Chr. auf dem Colorado Plateau siedelten. Die ältesten, am besten erhaltenen Felsenhäuser liegen in Mesa Verde und wurden im Jahr 1906 unter Denkmalschutz gestellt. Sie gehören zum Weltkulturerbe der UNESCO. Das Spruce Tree House, eines der größten Felsenhäuser, hat 106 Zimmer und acht Zeremonienräume; der Cliff Palace verfügt über 200 Räume. Während einer Fahrt über den Ruins Road Drive das Square Tower House im Navajo Canyon sowie den Sun Temple, ein riesiges Zeremonienhaus, besichtigen. Ungeklärt ist bis heute, warum die Anasazi gegen Ende des 13. Jahrhunderts ihre Felsenhäuser verliesen.

Auf den »Pow-wows«, traditionellen Tanzfesten, feiern die Indianer ihre Vergangenheit. Die Erinnerung an bessere Zeiten und das Festhalten an Zeremonien hilft ihnen über den tristen Alltag hinweg.

Wie kein anderes Naturwunder symbolisiert der Grand Canyon den amerikanischen Südwesten. Er umfasst eine Fläche von 4934 Quadratkilometern und gehört zum Weltnaturerbe der UNESCO.

ARIZONA, NEW MEXICO

Arizona und New Mexico sind Indianerland. Im Nordosten leben die Navajos im größten Reservat der USA, im Süden locken die Apachen mit einem Ferienhotel. Im Rio Grande Valley zeugen Pueblos von überlieferten Traditionen. Gewaltige Naturlandschaften wie der Grand Canyon geben Aufschluss über die Entwicklung der Erdgeschichte. Hauptattraktionen sind darüber hinaus das Red Rock Country, der Oak Creek Canyon, die Kakteenwüste, Santa Fe, Taos Pueblo und die Wüstengebiete an der mexikanischen Grenze.

Geologisches Fenster der Erdgeschichte: Die schönsten Aussichtspunkte am Rand der riesigen Schlucht sind die Terrasse vor dem El Tovar Hotel, der steinerne Turm bei Desert View, der Lipan Point mit einem herrlichen Blick auf den Fluss, und der Toroweap Point mit dem spektakulärsten Ausblick. Der Point Imperial liegt mit 2600 Meter am höchsten, der Point Sublime ist dem Fluss am nächsten.

Von Osten nach Westen durchzieht eine fein ziselierte Ader mit vielen Verzweigungen das Satellitenbild. Im US-Bundesstaat Arizona wird das Colorado Plateau vom gleichnamigen Flus und seinen Nebenflüssen durchschnitten, bevor er im westlichen Teil im Lake Mead aufgestaut wird. Das Netz von Tälern und tiefen Schluchten zieht jährlich mehrere Millionen Besucher in seinen Bann.

GRAND CANYON: VON ERHABENER SCHÖNHEIT

»Beeinträchtigt diese großartige Schönheit nicht!«, sagte der US-amerikanische Präsident Theodore Roosevelt schon im Jahr 1903: »Dies ist ein Anblick, den alle Amerikaner genießen sollten!« Seit 1919 ist der Grand Canyon ein Nationalpark. Die gewaltige Schlucht des Colorado River klafft über einen Kilometer tief in der rotbraunen Felswildnis des Colorado Plateaus. Die genaue Entstehungsgeschichte des Canyons ist noch immer nicht genau erforscht. Wahrscheinlich begann sich der Fluss vor etwa zehn Millionen Jahren seinen Weg durch das Felsplateau zu suchen. Im Lauf der Zeit entstand die 1800 Meter tiefe, 350 Kilometer lange und bis zu 30 Kilometer breite Schlucht. Wind und Wetter gaben den Felswänden ihre bizarren Formen. Die genau erkennbare Abfolge der unterschiedlichen Gesteinsschichten in den Felswänden zeigt die verschiedenen Perioden der Erdzeitalter. Hier gefundene Fossilien geben wichtige Informationen über das Leben der Urzeit. Bei Temperaturen von bis zu 50 Grad Celsius können nur sehr widerstandsfähige Pflanzen und Tiere überleben: diverse Kakteenarten und Dornbüsche, Klapperschlangen, Schwarze Witwen, Skorpione. Der Fluss bietet wenigen Fischen eine Überlebenschance. Lediglich die Wälder am Nord- und Südrand bieten einer größeren Zahl von Tieren und Pflanzen einen Lebensraum.

Supai, das verwunschene »Shangri-La« der Havasupai-Indianer, liegt in einem Seitenarm des Grand Canyon und ist nur über einen steilen Trail oder mit dem Hubschrauber erreichbar. Der Pfad beginnt auf dem Hualapai Hilltop und führt am Cataract Creek entlang durch den Hualapai Canyon nach Supai. Knapp zwei Meilen hinter Supai stürzen die Havasu Falls und die Mooney Falls von den Felswänden. Die Indianer nennen sie »Mütter der Wasser«.

Über Jahrmillionen hat sich der Colorado River immer tiefer in die Felsenlandschaft hineingeschnitten und so die tiefste, längste und breiteste Schlucht der Welt geschaffen. Zu den großen Attraktionen gehört das Whitewater Rafting. In stabilen Schlauchbooten steuern die Guides durch die Stromschnellen des Colorado River vorbei an steil aufragenden Felswänden (großes Bild: am Horseshoe Bend). Innerhalb der Schlucht warten über 70 Stromschnellen auf Unternehmenslustige.

Grand Canyon

Die Wanderung über den Bright Angel Trail nach Indian Gardens und weiter zum Ufer des Colorado Rivers ist anstrengender, als mancher glaubt. Ohne ausreichenden Wasservorrat sollte niemand losziehen! Ungefähr alle zweieinhalb Kilometer steht eine Hütte mit Trinkwasserbrunnen, und in Indian Gardens, einer schattigen Oase, kann man seine Feldflasche im Fluss nachfüllen. Vom Canyonrand bis Indian Gardens sind es sieben, von dort bis zum Fluss acht Kilometer. Nur zehn Kilometer misst der wesentlich steilere South Kaibab Trail von Yaki Point bis zum Fluss. Erfahrene Wanderer steigen über den North Kaibab Trail zum nördlichen Rand des Grand Canyon hinauf. Am North Rim führt der Cape Royal Drive von der Grand Canyon Lodge zum Cape Royal. Der North Rim ist einsamer und stärker bewaldet als der südliche Rand und präsentiert sich ursprünglicher.

Im Grunde markiert Lee's Ferry den Beginn des Grand Canyon, doch weil die Felswände bereits nach wenigen Meilen eine kleine Schlucht bilden und geschliffenem Marmor ähneln, hat man diesem Teil der riesigen Colorado-Schlucht einen eigenen Namen gegeben: Der Marble Canyon gilt immer noch als Geheimtipp.

Die Navajo Bridge führt über den Colorado River. Südlich davon, nur knapp zehn Meilen vom Marble Canyon entfernt, locken Seitencanyons wie Cathedral Wash mit mehreren Kalksteinschichten, der Sevenmile Draw nahe am Colorado River und der Badger Canyon mit steilen Felswänden und Kakteen.

Marble Canyon

Von den meisten Besuchern des Grand Canyon National Parks wird der wesentlich kleinere Marble Canyon übersehen – dabei gehört die Fahrt über die stählerne Navajo Bridge zu den Highlights im Südwesten. Ausgangspunkt für die Fahrt ist Lee's Ferry; das flache Flussufer, an dem die River-Rafting-Tours durch den Grand Canyon beginnen. Benannt ist die Stelle nach dem Mormonen John D. Lee, der im 19. Jahrhundert eine Fähre über den Colorado River betrieb. Im Jahr 1857 wurde er wegen seiner Teilnahme am Mountain Meadows Massacre (1857), bei dem Mormonen und Indianer unschuldige Siedler töteten, zum Tode verurteilt. Der Highway 89 A führt weiter über die Navajo Bridge und gestattet einen dramatischen Ausblick auf den Marble Canyon. Noch besser erlebt man die von steilen Felswänden begrenzte Schlucht auf einer Wildwasserfahrt zum nahen Grand Canyon.

Zu den markanten Punkten im Canyon de Chelly gehören die Felswohnungen der prähistorischen Anasazi-Indianer. Sehenswert sind auch das Antelope House – nach der Felszeichnung eines Navajo-Indianers vor rund 150 Jahren benannt – und die Felsenbilder im Canyon del Muerto. Die Navajos kamen um das Jahr 1700 in den Canyon. Sie lebten in einem ständigen Krieg mit den spanischen Kolonialherren – bei einer Strafexpedition (1805) wurden an einem Tag mehr als 100 Navajos getötet. Später wehrten sie sich gegen die amerikanischen Truppen; im Winter 1864 wurde der letzte Widerstand von der Kavallerie unter der Führung von Kit Carson gebrochen. Die Indianer machten sich auf den »Langen Marsch« zurück nach Mexiko, in das erste Indianerreservat der Geschichte; erst vier Jahre später durften sie wieder zurückkehren.

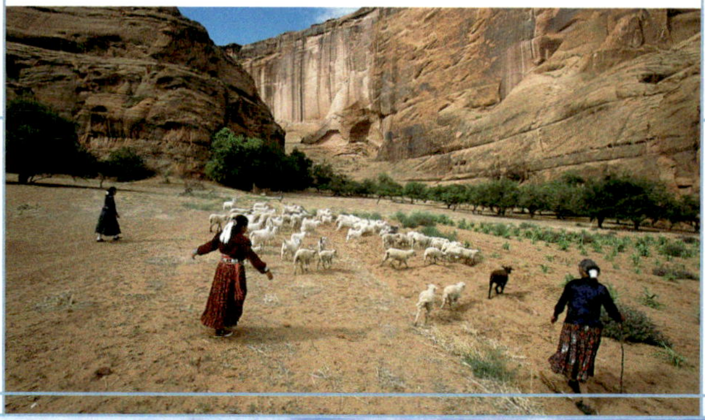

Canyon de Chelly

Vierzig Kilometer erstreckt sich der Canyon de Chelly in der Navajo Reservation im Nordosten des Staates. Der Name kommt aus dem Indianischen und bedeutet »Felsenschlucht«. Über 300 Meter ragen die Felswände aus der Schlucht empor. Wind und Wetter haben den Stein geglättet und geben der Szenerie ihr charakteristisches Aussehen, das sich deutlich von anderen Canyons unterscheidet. Hier befinden sich grüne Oasen, die vor vielen tausend Jahren schon die Vorfahren der Navajo-Indianer angelockt haben. Am Eingang erhebt sich der 243 Meter hohe Spider Rock. Ein kaum sichtbarer Trail führt an dem schmalen Rio de Chelly entlang zum – um das Jahr 1050 angelegten, 1849 entdeckten – White House, dem bekanntesten von mehr als 100 »Cliff Dwellings« (Felswohnungen) der prähistorischen Anasazi-Indianer. Der Name geht auf die weißen Felsensteine zurück, aus denen das Haus gebaut wurde. Der Canyon darf nur mit indianischen Führern besucht werden.

Das wichtigste Gebäude im Wupatki National Monument ist das Wupatki Pueblo aus dem 12. Jahrhundert. Es hat mehr als hundert Räume. Auch ein Amphitheater und ein Zeremonienplatz gehören zu dem eindrucksvollen Komplex.

Bevor die Sinagua-Indianer ihre Felsenhäuser errichteten (oben das Montezuma Castle, unten Wupatki), lebten sie in Erdhöhlen. In diesen Felsenhäusern waren sie besser gegen angreifende Nomaden, Sandstürme und Gewitter geschützt.

Montezuma Castle, Wupatki

Südlich von Flagstaff liegt das Montezuma Castle, eines der am besten erhaltenen Cliff Dwellings des US-amerikanischen Südwestens. Die frühen Entdecker hielten es für ein Bauwerk der Azteken und benannten es nach dem legendären Herrscher der mexikanischen Hochkultur. Tatsächlich stammt diese – ganz in die Nische einer 30 Meter hohen Standsteinwand eingepasste – Behausung über dem Tal des Beaver Creet von den prähistorischen Sinagua, die bereits vor zweitausend Jahren in Arizona siedelten. Das fünfstöckige Bauwerk hat über zwanzig Räume und entstand um 1150 n. Chr. Um das Jahr 1400 erlebten die Sinagua ihre Blütezeit, um 1500 verschwanden sie aus ungeklärten Gründen aus dem Verde Valley. Zur selben Kultur gehörten die Bewohner der etwa zweitausend Wohnungen von Wupatki nördlich von Flagstaff. Hier lebten Sinagua und Anasazi.

Zu den Attraktionen im Oak Creek Canyon gehören der Cathedral Rock, der in zahlreichen Edelwestern wie »Zwei ritten zusammen« im Hintergrund zu sehen ist, und die Chapel of the Holy Cross – eine beinahe futuristische Kapelle, die in die roten Felsen hinein gebaut wurde.

Im Hinterland des Red Rock Country kommt man nur noch mit dem Geländewagen vorwärts. Einer der schönsten Trails, der Schnebly Hill Drive, führt zum Snoopy Rock, einem Aussichtspunkt. Schnebly war der Gründer von Sedona und benannte die Stadt nach seiner Frau.

Oak Creek Canyon

Zwischen Flagstaff und Phoenix, nur wenige Meilen vom Interstate entfernt, liegen der Oak Creek Canyon und das Red Rock Country. Die in allen Rot- und Brauntönen schillernden Felswände stehen in einem eigenartigen Kontrast zum dunklen Grün der Bäume und Büsche. Vor allem Red Rock Crossing, eine malerische Furt am Oak Creek, sticht aus der vielfältigen Landschaft hervor. Der schmale Fluss ist die Lebensader des Red Rock Country und bietet am Slide Rock ein ungewöhnliches Badeparadies mit einer natürlichen Rutschbahn aus glattem Fels. Urbaner Mittelpunkt im »Land der roten Felsen« ist Sedona, eine teure Künstlermetropole mit Restaurants, Boutiquen und zahlreichen Galerien. Im Zentrum dieses Städtchens liegt Tlaquepaque, ein New-Age-Mekka und zugleich eine fantasievolle Boutiquensiedlung im Stil mexikanischer Missionen.

Charles Franklin, ein Scout des legendären General George Armstrong Custer, schrieb 1871 als erster Weißer über den Meteor Crater (großes Bild) und nannte ihn »Franklin's Crater«. Spätere Siedler nannten ihn »Coon Butte«. Seinen eigentlichen Namen bekam er erst im 20. Jahrhundert.

Sunset Crater (oben) ist der jüngste Vulkan des Colorado-Plateaus. Als er um das Jahr 1250 ausbrach, bot sich den dort ansässigen Indianern ein faszinierendes Schauspiel: Glühende Lava regnete auf ihre Felder, und der Himmel färbte sich blutrot. Die meisten Bewohner flohen nach Wupatki.

Meteor Crater, Sunset Crater

Der Meteor Crater liegt östlich von Flagstaff und entstand, als vor etwa 20 000 Jahren ein Meteor auf die Erdoberfläche schlug und ein 180 Meter tiefes Loch riss. Der Durchmesser des riesigen Kraters beträgt etwa 1300 Meter. Während der Apollo Mission der NASA trainierten Astronauten in der irdischen Mondlandschaft für die erste Mondlandung. Winzige Brocken des Meteors kann man in einem kleinen Museum bestaunen. Der Sunset Crater, ebenfalls nahe Flagstaff gelegen, ist der erloschene Aschenkegel eines Vulkans. Er brach um 1064 und 1250 letztmalig aus. Vulkanasche und Lava wurden weit verstreut und bildeten einen hohen Schlackekegel. Der Name geht auf die roten Eisenoxyde zurück, die den Kraterrand wie in einem Sonnenuntergang leuchten lassen. Eine Rundstraße führt um den Krater und gestattet faszinierende Ausblicke in den erloschenen Vulkan.

Der Rainbow Forest (unten) mit seinen besonders großen Baumstämmen liegt im südlichen Teil des Petrified Forest National Park. Für die Navajo-Indianer waren die versteinerten Baumstämme des Petrified Forest die Knochen von Yiesta, ein im Kampf getöteter Riese ihrer Ahnen. Die Indianer des Paiute-Stammes hielten diese Baumstämme für abgebrochene Pfeilspitzen des Donnergottes. Die Painted Desert, ebenfalls im Petrified Forest National Park gelegen, verzaubert durch ihre viele Millionen Jahre alten Ton- und Sandsteinformationen, deren rote Färbung durch Oxidation entstand.

Petrified Forest National Park

Der Petrified Forest liegt inmitten der farbenprächtigen Painted Desert im Nordosten von Arizona. Vor rund 200 Millionen Jahren breitete sich hier ein weitläufiges Sumpfgebiet aus, in dem Bäume, Farne und Moose gediehen. Heute fällt in der Painted Desert kaum Niederschlag. Beim Austrocknen der Sümpfe wurden die umgestürzten Stämme der riesigen Nadelbäume vom Schlamm begraben und durch einen chemischen Prozess in Quarz verwandelt. Sie behielten ihre leuchtenden Farben und zeigen Abdrücke von prähistorischen Fischen, Muscheln und Schnecken. Im Jahr 1906 wurde das Gebiet unter Naturschutz gestellt. Verantwortungslose Souvenirjäger hatten pfundweise Gestein entwendet. Seitdem ist das Mitnehmen auch noch so kleiner Stücke bei hoher Strafe verboten. Eine Autostraße verbindet die Highways 66 und 180 und führt durch den Park.

Die wichtigsten Fast-Food-Ketten in den USA sind die Hamburger Chains McDonald's, Burger King und Wendy's; bei KFC gibt's panierte Hühnchenteile, Taco Bell serviert mexikanisch, bei Pizza Hut werden amerikanische Pizzas verkauft, bei Subway superlange Sandwiches und bei Arby's dicke Roastbeef-Brötchen.

»Diner« tauchten erstmals in den 1930er-Jahren auf – ausrangierte Speisewagen, in denen rund um die Uhr Frühstück serviert wurde. In den 1950er-Jahren erlebten Edelstahl- und-Neon-Diner – früher »Luncheonettes« genannt – ihre Blütezeit. Zu Rock 'n' Roll-Musik gab's Hamburger und Milchshakes.

AMERICAN DINING: FAST, FAT, FRIED

Was mit den legendären Drive-ins in den Fifties und Sixties begann, hat sich inzwischen zu einer gigantischen Industrie gemausert. Fast Food ist angesagt: weil die Amerikaner mobil sind und immer noch das Paradies auf der Straße suchen; immer rastlos unterwegs – der Highway als Traumstraße. Da bleibt zum Essen wenig Zeit. Das erkannten Dick und Mac McDonald, die beiden Pioniere der Fast-Food-Industrie, schon im Jahr 1948. Sie machten aus ihrem Barbecue-Drive-in in San Bernardino ein modernes Selbstbedienungsrestaurant, das erste McDonald's. 1954 kaufte Ray Kroc die Franchising Rights und gründete die McDonald's Corporation, die mit knapp 20 000 Restaurants in 91 Ländern einsamer Marktführer ist. Der Big Mac wurde zum Symbol einer neuen Fresswelle; die »Golden Arches« von Mc-Donald's verdrängten die Drive-ins und Drugstores. Die Schilder der Restaurants neben den Interstates und großen Highways sind nicht zu übersehen. Die Vorteile: Man wird schnell bedient, die Qualität ist in allen Lokalen einer Kette gleich, die Restaurants sind sauber, und das Essen ist preiswert. Der große Nachteil sind die Kalorien: Ein Cheeseburger hat über 300, von einem Big Mac oder Whopper ganz zu schweigen. Und man hat in der Regel schon nach ein paar Minuten wieder großen Hunger auf den nächsten …

Das Organ Pipe Cactus National Monument (ganz unten) präsentiert 29 Kakteenarten, darunter den namengebenden Orgelpfeifenkaktus; eine in den USA selten vorkommende Riesenkakteenart, die nicht in einem Stamm mit mehreren Ästen, sondern als dickes Bündel aus dem steinigen Boden sprießt. Der Saguaro National Park (großes Bild oben) hat seinen Namen von den Saguaro- oder Armleuchterkakteen. Ihre Blüten (oben rechts) werden von Fledermäusen bestäubt. Das getrocknete Fruchtfleisch ist sehr schmackhaft und wird von den Papago-Indianern als Delikatesse geschätzt.

Saguaro National Park, Organ Pipe Cactus National Monument

Das zweigeteilte Naturschutzgebiet des Saguaro National Parks liegt im Süden von Arizona in den Tucson Mountains. Innerhalb der Parkgrenzen findet man eine besonders dichte und schöne Ansammlung von Saguarokakteen. Die mächtigen Pflanzen werden bis zu 15 Meter hoch und rund 200 Jahre alt. Das Gewicht eines ausgewachsenen Saguaros kann bis zu 15 Tonnen erreichen. Jede der kleinen Blüten (Blütezeit ist im Mai) blüht nur einen einzigen Tag. Der Cactus Forest Drive windet sich durch den Kakteenwald, der Tanque Verde Ridge Trail führt zum Gipfel des Mica Mountain. Das Organ Pipe Cactus National Monument an der mexikanischen Grenze präsentiert eine besondere Vielfalt von Orgelpfeifenkakteen und anderen Pflanzen der Sonora-Wüste. Zwei Straßen, der Ajo Mountain Drive und der Puerto Blanco Drive, führen durch dieses Gebiet.

Wie eine weiße Taube erhebt sich San Xavier del Bac bei Tucson (oben) aus dem kargen Wüstenboden, die im Jahr 1700 von dem legendären spanischen Jesuitenpater Eusebio Kino gegründete Mission. Das Ensemble gilt als Musterbeispiel barocker Baukunst in der von den Spaniern kolonisierten Welt. In der Missionskirche werden noch heute Gottesdienste und Zeremonien für die Papago-Indianer abgehalten werden; der Bau wurde in 14 Jahre langer (1783–1797) kräftezehrender Arbeit von indianischen Sklaven fertiggestellt. Das reich ausgestattete Kircheninnere (großes Bild) ist vor einigen Jahren restauriert worden.

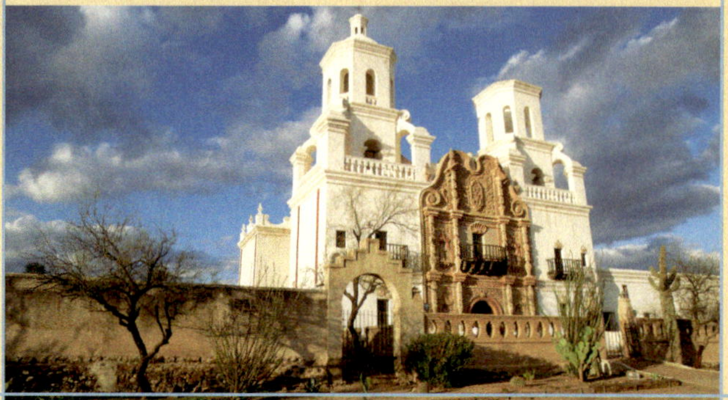

MISSIONEN: IM NAMEN DER PADRES

Im späten 17. Jahrhundert folgten die Missionare den spanischen Konquistadoren nach Neuspanien. Sie überzogen das heutige Arizona und Kalifornien mit einem Netz von Missionen, versklavten viele Eingeborene und zwangen sie zum katholischen Glauben. Unter der Führung des Jesuitenpaters Eusebio Francisco Kino arbeiteten sie als Handwerker und Bauern. Der Jesuitenpater war 1681 nach Amerika gekommen und legte den Grundstein für 29 Missionen und 73 Vistas, also Kirchen ohne festen Priester. Die prachtvollen Anlagen bestanden aus der Missionskirche, dem Kloster, einer Schule, zahlreichen Werkstätten, dem Friedhof und einem Garten, der liebevoll gepflegt wurde. Die Missionen wurden zum Zentrum des gesellschaftlichen und religiösen Lebens und blieben auch nach 1767 erhalten, als die Jesuiten aus Amerika vertrieben wurden. Für die Indianer beschleunigte die Missionierung den Untergang. Sie waren vom weißen Mann abhängig geworden und seiner Willkür hilflos ausgeliefert. Als wehrlose Opfer einer Missionierung, die im Namen des Kreuzes, aber auch – und vor allem – im Namen der spanischen Krone geführt wurde, sahen sie sich von der Zivilisation überrollt und um ihre Existenz gebracht. Pater Eusebio Francisco Kino, der mit den Indianern immer gut ausgekommen war, starb 1715 an einer schweren Krankheit.

Zeitzeugen: Die verfallenen Häuser von Steins (ganz unten links), knappe zwanzig Meilen südwestlich von Lordsburg in New Mexico gelegen, wurden für Touristen hergerichtet. Der berüchtigte Bandit Black Jack Ketchum überfiel Züge und Banken in der Gegend. Sein Geist soll noch heute in der Stadt spuken, heißt es. Calico (ganz unten rechts) liegt östlich von Barstow, nur ein kurzes Stück vom Interstate 15 entfernt. In den Jahren 1881 bis 1896 regierten hier die Silberkönige. Goldfield (alle übrigen Abbildungen) ist die Replik einer alten Minenstadt in der Sonora Desert, am Apache Junction. Im späten 19. Jahrhundert wurde hier Erz gefunden – allerdings nur von minderwertiger Qualität.

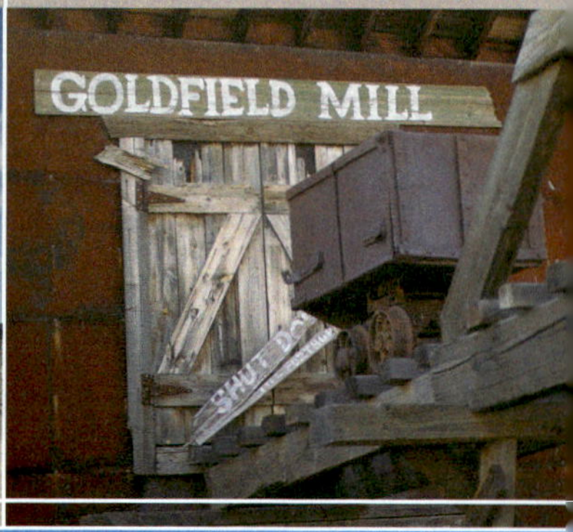

GHOST TOWNS: NACH DEM GOLDRAUSCH

Wenige Ghost Towns (Geisterstädte) sehen so aus wie in Westernfilmen – unheimliche Siedlungen mit klappernden Türen und Unkraut, das vom böigen Wind über die verlassene Main Street getrieben wird. Häufiger sind baufällige Gemäuer, die man kaum noch als Überreste einer Stadt ausmachen kann und die nur in historischen Reiseführern verzeichnet wurden. Kommerziell geführte Geisterstädte, die während der Hochsaison sehr lebendig wirken und von ihrer glorreichen Vergangenheit leben, findet man vor allem in Arizona und New Mexico, auch in Kalifornien und Nevada. Die bekanntesten Ghost Towns: Jerome liegt zwischen Flagstaff und Prescott und entstand während eines Goldrauschs. Inmitten der Ruinen blüht ein reger Souvenirhandel. Im Jerome State Park lernt man das Leben der Goldsucher kennen, und im Little Daisy Hotel fühlt man sich in die Zeit des Wilden Westens zurückversetzt. In Goldfield bei Apache Junction blieben vier Minenschächte erhalten. Madrid, südwestlich von Santa Fe am Highway 14 gelegen, wurde 1869 gegründet, erlebte ihre Blütezeit aber erst um die Jahrhundertwende. Heute ist die Ghost Town für ihre Kunstgalerien bekannt. Golden in New Mexico gehört zu den malerischsten Geisterstädten. Chloride liegt am Highway 52 in New Mexico und wurde nach den Silberfunden im Jahr 1881 gegründet.

Die Anasazi entwickelten eine hochstehende Kultur. Im Chaco Canyon bewässerten sie ihre Felder durch ein System von verzweigten Kanälen. Breite Straßen führten schon vor tausend Jahren durch die langgezogene Schlucht und verbanden die Dörfer im Chaco Canyon mit den Zentren der Hochkulturen in Mexiko. Um 1400 n. Chr. verschwanden die Anasazi aus unerklärlichen Gründen aus dem Chaco Canyon. Die wahrscheinlichsten Theorien für ihr Verschwinden: Die Handelsverbindung nach Mexiko brach ab, oder eine Trockenheit zerstörte die Felder und beraubte sie ihrer Lebensgrundlage (alle Abbildungen: Pueblo Bonitoim Chaco Canyon).

AUF DER SUCHE NACH DER VERLORENEN ZEIT

Der Chaco Canyon liegt im Nordwesten von New Mexico, nur wenige Stunden von Santa Fe entfernt – eine zehn Meilen lange Schlucht mit Steilwänden und Tafelbergen. Ein schmaler Fluss windet sich durch das Felsental; an seinem Ufer wachsen Bäume und Gestrüpp. Die Sonne wirft ihr goldenes Licht auf die Ruinen der riesigen Felswohnungen, die von den Anasazi in diesem Tal errichtet wurden. Diese prähistorischen Indianer wohnten um 1000 n. Chr. im amerikanischen Südwesten und lebten vom Ackerbau. Ihre Kultur war hoch entwickelt; sie kannten sogar eine Zeitrechnung. Pueblo Bonito, die halbmondförmige Wohnsiedlung der Anasazi im Chaco Canyon, war das erste Apartmenthaus von Nordamerika. Fünf Stockwerke ragten die felsigen Wände empor, über 1000 Menschen lebten in den 800 Räumen dieser Siedlung. Die Zimmer waren doppelt so groß wie in den Felsenhäusern von Mesa Verde. Die massiven Decken der kreisförmigen Zeremonienräume hielten Balken, die aus dem Holz der 90 Meilen entfernt gelegenen Wälder geschnitten wurden. In den Ruinen wurden kunstvoll verzierte Gefäße und Werkzeuge sowie Musikinstrumente gefunden. Ein markierter Pfad windet sich durch die wichtigsten Räume von Pueblo Bonito im Chaco Canyon. Heute vermutet man, dass die Anlage eine Art »Hotel« für Pilger gewesen sein könnte.

»Puebloindianer« (oben) ist der Name für eine Gruppe kulturverwandter Indianerstämme (Keresan, Tiwa, Hopi, Zuni u.a.) im US-amerikanischen Westen, Nachkommen der prähistorischen Anasazi. Die Spanier nannten sie so wegen ihrer großen Wohnanlagen (Pueblo) – zusammenhängende, terrassenartig gestaffelte Häuser, die aus Sicherheitsgründen früher nur über Leitern durch Luken im Dach betreten werden konnten. Acoma Pueblo (unten links) liegt auf einem hohen Sandsteinfelsen und gehört zu den ältesten Indianerdörfern Nordamerikas. Das Taos Pueblo (großes Bild), liegt knapp fünf Kilometer außerhalb von Taos, der »Seele des Südwestens«.

Taos Pueblo, Acoma Pueblo

Taos Pueblo besteht seit beinahe 1000 Jahren und hat sich nur wenig verändert. In den Wohnzimmern der Indianer flimmern zwar Fernseher und die Frauen kaufen im nahen Supermarkt ein, aber die mehrstöckigen Häuser sehen noch genauso aus wie um das Jahr 1540, als der Spanier Coronado auf der Suche nach den goldenen Städten durch diese Gegend kam. Die Spanier waren sehr enttäuscht, als sie feststellen mussten, dass der goldene Glanz nur von der Sonne kam. Acoma Pueblo, wegen seiner Lage auf einem 112 Meter hohen Felsplateau auch »Sky City« genannt, soll der Legende nach bereits um Christi Geburt besiedelt gewesen sein. Seit 1150 Jahren ist der Ort mit Sicherheit bewohnt und gilt somit als eine der am längsten bewohnten Dauersiedlungen der USA. Coronado besuchte auch Acoma Pueblo und bezeichnete es als die »beste Festung der Welt«.

Der ursprüngliche Charakter des Santa Fe Trails, zwischen den Jahren 1821 und 1880 ein berühmter Handelsweg, wurde bis heute bewahrt. Das »älteste Haus der USA«, den damaligen Händlern ein vertrauter Anblick, steht dort immer noch; überall in der Stadt spürt man das spanische Erbe. Schöne Adobe-Bauten drängen sich um die Plaza und verleihen der Stadt eine Atmosphäre, in der man sich sehr wohl fühlen kann – weil das Licht hier sanfter und die Formen weicher sind (rechte Seite oben: Mission San Miguel, eines der ältesten Gotteshäuser der USA; darunter das Museum of Fine Arts – schon von der Architektur her eine Augenweide).

Santa Fe

Santa Fe, die Hauptstadt von New Mexico und zweitälteste Stadt der USA (nach St. Augustine in Florida), hat sich ihren spanischen Charakter bewahrt. Mittelpunkt dieses Mekkas für Künstler ist die von Adobehäusern umgebene Plaza mit zahlreichen Galerien und Workshops. Unter den Vorbaudächern breiten Puebloindianer ihre Decken aus und verkaufen Türkisschmuck. Den historischen Atem von Santa Fe spürt man im Palast des spanischen Gouverneurs, dem ältesten öffentlichen Gebäude der USA. Zu den interessantesten Kirchen gehört gleich gegenüber die San Miguel Chapel, die älteste Kirche der USA. Eifersüchtig achten die Stadtväter auf den ursprünglichen Charme ihrer Stadt: In Santa Fe sind weder Hochhäuser noch gesichtslose Bürogebäude erlaubt, spanischer Charme und indianische Kultur gingen hier eine farbenprächtige Ehe ein.

Rodeos gingen aus den Reiterspielen der Cowboys im 19. Jahrhundert hervor – unverbindlichen Wettbewerben, die in den Rinderstädten am Ende des langen Viehtrecks oder auf den großen Ranches veranstaltet wurden. Das Einreiten wilder Pferde gehörte zum Cowboyalltag und wurde erst danach zum Sport – auch für Cowgirls.

Das größte Rodeo der Welt, »the Daddy of 'em All«, findet alljährlich in Cheyenne, Wyoming, bei den »Cheyenne Frontier Days« statt. Dort werden 400 000 Dollar an Preisgeldern ausgeschüttet. 10 000 Dollar erhält allein der Gewinner im Bullenreiten, der gefährlichsten Disziplin jedes Rodeos.

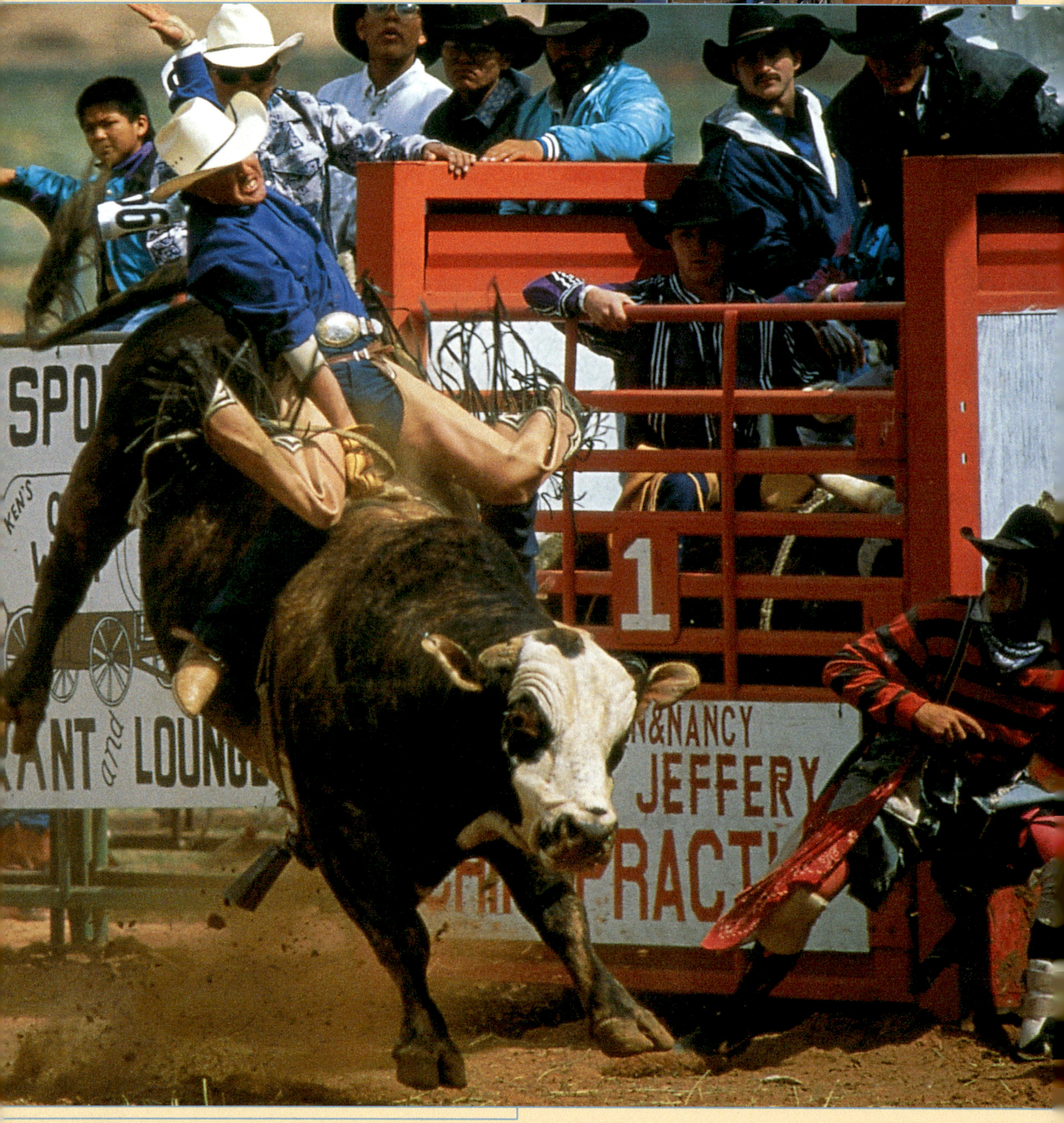

RODEOS: VOLKSSPORT IM AMERIKANISCHEN WESTEN

Roedos gelten im amerikanischen Westen als Volkssport, ziehen mehr Zuschauer an als so manches Football- oder Baseballspiel. Mutige Cowboys reiten auf wilden Pferden oder wilden Bullen und müssen sich acht Sekunden lang im Sattel halten. Bewertet werden die Haltung des Reiters und seine Aggressivität. Jedes Rodeo beginnt mit dem feierlichen Einmarsch aller Teilnehmer und der Nationalhymne; auch die hübsche Rodeo Queen lässt sich auf den meisten Veranstaltungen sehen und winkt den Zuschauern zu. Im Vorprogramm treten bekannte Country-Künstler auf. Für Kurzweil sorgen die Rodeo Clowns, die allerdings auch die gefährliche Aufgabe haben, die Bullen abzulenken, wenn der Reiter vom Rücken des Tieres gesprungen oder gefallen ist. Beim Calf Roping müsen zwei Cowboys hinter einem jungen Kalb herreiten, es mit dem Lasso einfangen und an den Beinen fesseln – wer dies am schnellsten fertig bringt, hat gewonnen. Rodeos finden im Freien und in Hallen statt; beim alles entscheidenden Abschlussrodeo in Las Vegas werden die Champions des Jahres gekürt. Auch Cowgirls wagen sich inzwischen auf ungesattelte Pferde und wilde Bullen. Beim Barrel Racing, das nur von Cowgirls bestritten wird, reiten die Mädchen gegen die Uhr: Sie müssen möglichst schnell um Fässer herumreiten.

Nordöstlich von Las Vegas liegt der Valley of Fire State Park (großes Bild). Der Name »Feuertal« leitet sich von hier vorkommenden roten Sandsteinformationen ab, die bereits in der Jurazeit, vor rund 150 Millionen Jahren entstanden. Die indianischen Felszeichnungen sind über 3000 Jahre alt, die versteinerten Bäume stammen aus prähistorischer Zeit. Yucca-Pflanzen wachsen schneller in den bis zu 18 Meter hohen Gipssanddünen von White Sands (oben) – damit sie nicht vom Sand begraben werden. Nur ein Drittel aller Pflanzen, die im Tularosa-Becken gedeihen, überleben in den Dünen. Tiere wagen sich erst nachts aus ihren kühlen Erdhöhlen.

Valley of Fire State Park, White Sands National Monument

Die White Sands, eine Dünenlandschaft aus gipshaltigem Sand, liegen in der Nähe von Alamogordo in New Mexico. Für das eindrucksvolle Naturschauspiel gibt es eine einfache Erklärung: Im Westen des National Monuments ragen die San Andres Mountains, im Osten die Sacramento Mountains aus dem trockenen Land. Auf dem dunklen Fels sind helle Streifen zu erkennen – leuchtende Kalksteinschichten –, das darin enthaltene Gips löst sich im Regenwasser wie Zucker oder Salz auf und wird über die Berghänge ins Tularosa-Becken gespült. Zwischen den Bergketten gibt es kein Entrinnen für das Regenwasser: Es sammelt sich im Lake Lucero im Südwesten von White Sands. Dort werden die Dünen gebildet. Wenn das Wasser trocknet, bildet sich eine Gipskruste an der Oberfläche. Die Kristalle werden vom Wind erfasst und in White Sands abgelagert.

Indianische Felszeichnungen belegen das Wissen prähistorischer Bewohner um die geheimnisvollen Höhlen. Zuerst erkundet wurde das unterirdische Reich im Jahr 1901 von dem Forscher James L. White, der das als Dünger geschätzte Fledermausguano aus den Höhlen förderte.

Im Big Room beeindrucken groteske Formen. Der Crystal Spring Dome, der Rock of Ages, der Giant Dome – der in seinem Aussehen an den schiefen Turm von Pisa erinnert –, die Twin Domes, der Temple of the Sun, der Totem Pole und der Mirror Lake offenbaren die Wunder der Unterwelt.

Carlsbad Caverns

Die 70 farbenprächtigen Höhlen der Carlsbad Caverns liegen in den Ausläufern der Guadalupe Mountains im südlichen New Mexico. Sie wurden im Jahr 1930 zum Nationalpark erklärt und gehören zum von der UNESCO geschützten Erbe der Welt. Während einer dreistündigen Führung über den Cave Walk lernt man die fantastische Zauberwelt am besten kennen. Der Trail beginnt am Natural Entrance, einem 13 Meter hohen, 30 Meter breiten Bogen. Er führt durch den Green Lake Room mit einem kleinen grünen See, den King's Palace und die Queen's Chamber. Die Wände strahlen in verschiedenen Farben, indirektes Licht beleuchtet den schmalen Pfad. Einsamkeit und Stille umgeben den Besucher. Zu den Attraktionen der Carlsbad Caverns gehört der abendliche Flug der Fledermäuse, der nur im Sommer stattfindet: Über eine halbe Million dieser Tiere schläft in den Höhlen.

Medicine Wheel in den Big Horn Mountains, Wyoming: An vielen Orten im US-amerikanischen Südwesten sieht es immer noch so aus wie zur Zeit der Pioniere auf dem Weg ins »gelobte Land«.

ATLAS

Landschaftlich sind die USA durch eine meridionale Gliederung in vier Großeinheiten geprägt: Kordilleren, Innere Ebenen, Appalachen, Küstenebenen am Atlantik sowie am Golf von Mexiko. Der Westen wird von den Kordilleren durchzogen, die sich nach Osten in Coast Range, Cascade Range und südlich die Sierra Nevada, weiter nach Osten in die Rocky Mountains gliedern. Zwischen Coast Range und Sierra Nevada liegt das Kalifornische Längstal, zwischen Sierra Nevada und den Rocky Mountains das Große Becken.

Der »Pacific Coast Highway« ist ein Abschnitt der von Alaska nach Feuerland führenden Panamerikana. Zunächst als »State Highway No. 1«, dann als »Number 101«, verfolgt die Straße die Kontur der Pazifikküste über mehrere 1000 Kilometer und durchquert dabei drei Bundesstaaten: Kalifornien, Oregon und Washington. Der kalifornische Teil, die »Number 1«, ist aufgrund seiner atemberaubenden Ausblicke der berühmteste; als Highlight gilt der Abschnitt um Big Sur (Abbildung).

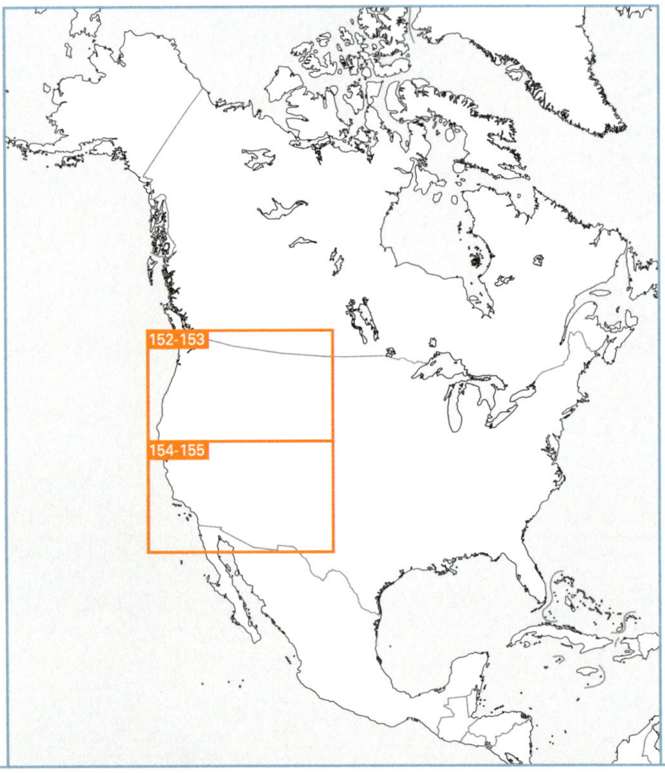

ZEICHENERKLÄRUNG ZU DEN KARTEN 1 : 4 500 000

- Autobahn
- Mehrspurige Straße
- Fernstraße
- Wichtige Hauptstraße
- Hauptstraße
- Nebenstraße
- Piste
- Eisenbahn
- Autofähre
- Internationale Grenze
- Verwaltungsgrenze
- National- und Naturparkgrenze
- Reservat
- Wichtiger Flughafen
- Flughafen

LEGENDE

Die folgenden Karten zeigen den Westen der USA im Maßstab 1:4 500 000. Die geografischen Details werden dabei durch eine Vielzahl touristischer Informationen ergänzt. Zum einen durch das ausführlich dargestellte Verkehrsnetz, zum anderen durch Piktogramme, die Lage und Art aller wichtigen Sehenswürdigkeiten und Freizeitziele bezeichnen. Touristisch interessante Städte sind durch eine gelb hinterlegte Bezeichnung hervorgehoben. Auch die von der UNESCO zum Welterbe gezählten Monumente sind besonders gekennzeichnet.

PIKTOGRAMME

- Berühmte Autoroute
- Legendäre Bahnstrecke
- UNESCO-Weltnaturerbe
- Gebirgslandschaft
- Felslandschaft
- Schlucht/Canyon
- Vulkan, erloschen
- Vulkan, aktiv
- Geysir
- Höhle
- Gletscher
- Flusslandschaft
- Wasserfall/Stromschnelle
- Seenlandschaft
- Wüstenlandschaft
- Depression
- Fossilienfundstätte
- Naturpark
- Nationalpark (Landschaft)
- Nationalpark (Flora)
- Nationalpark (Fauna)
- Nationalpark (Kultur)
- Biosphärenreservat
- Wildreservat
- Zoo/Safaripark
- Küstenlandschaft
- Strand
- Insel
- UNESCO-Weltkulturerbe
- Außergewöhnliche Metropole
- Christliche Kulturstätte
- Indianerreservation
- Indianische Pueblo-Kultur
- Indianische Kulturstätte
- Historisches Stadtbild
- Imposante Skyline
- Burg/Festung/Wehranlage
- Technisches/industrielles Monument
- Staumauer
- Herausragende Brücke
- Denkmal
- Mahnmal
- Weltraumbahnhof
- Spiegel- und Radioteleskop
- Museum
- Theater
- Olympische Spiele
- Rennstrecke
- Pferdesport
- Skigebiet
- Windsurfen
- Wellenreiten
- Kanu/Rafting
- Badeort
- Mineralbad/Therme
- Freizeitpark
- Spielcasino

Maßstab 1:4 500 000
0 40 80 Kilometer

Berühmte Reiserouten
- Autoroute
- Bahnstrecke
- Schiffsroute

Herausragende Naturlandschaften und Naturmonumente
- UNESCO-Weltnaturerbe
- Felslandschaft
- Schlucht/Canyon
- Vulkan erloschen
- Vulkan aktiv
- Geysir
- Höhle
- Wasserfall/Stromschnelle
- Wüstenlandschaft
- Fossilienfundstätte
- Naturpark
- Nationalpark (Landschaft)
- Nationalpark (Flora)
- Nationalpark (Fauna)
- Wildreservat
- Küstenlandschaft

Herausragende Metropolen, Kulturmonumente und –veranstaltungen

- UNESCO-Weltkulturerbe
- Außergewöhnliche Metropole
- Christliche Kulturstätte
- Indianerreservation
- Kulturlandschaft
- Burg/Festung/Wehranlage
- Technisches/industr. Monument
- Herausragende Brücke
- Denkmal
- Mahnmal
- Museum
- Olympische Spiele

Sport- und Freizeitziele

- Skigebiet
- Windsurfen
- Wellenreiten
- Kanu/Rafting
- Badeort
- Mineralbad/Therme
- Freizeitpark

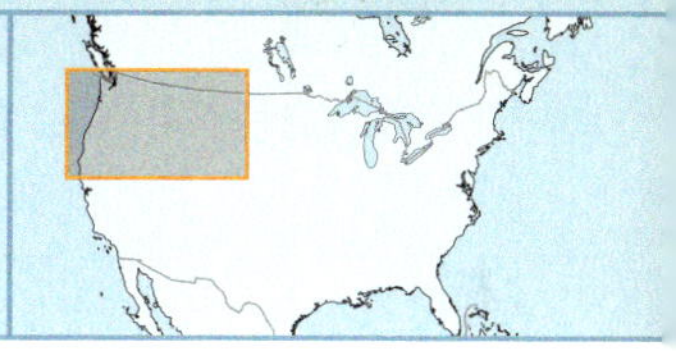

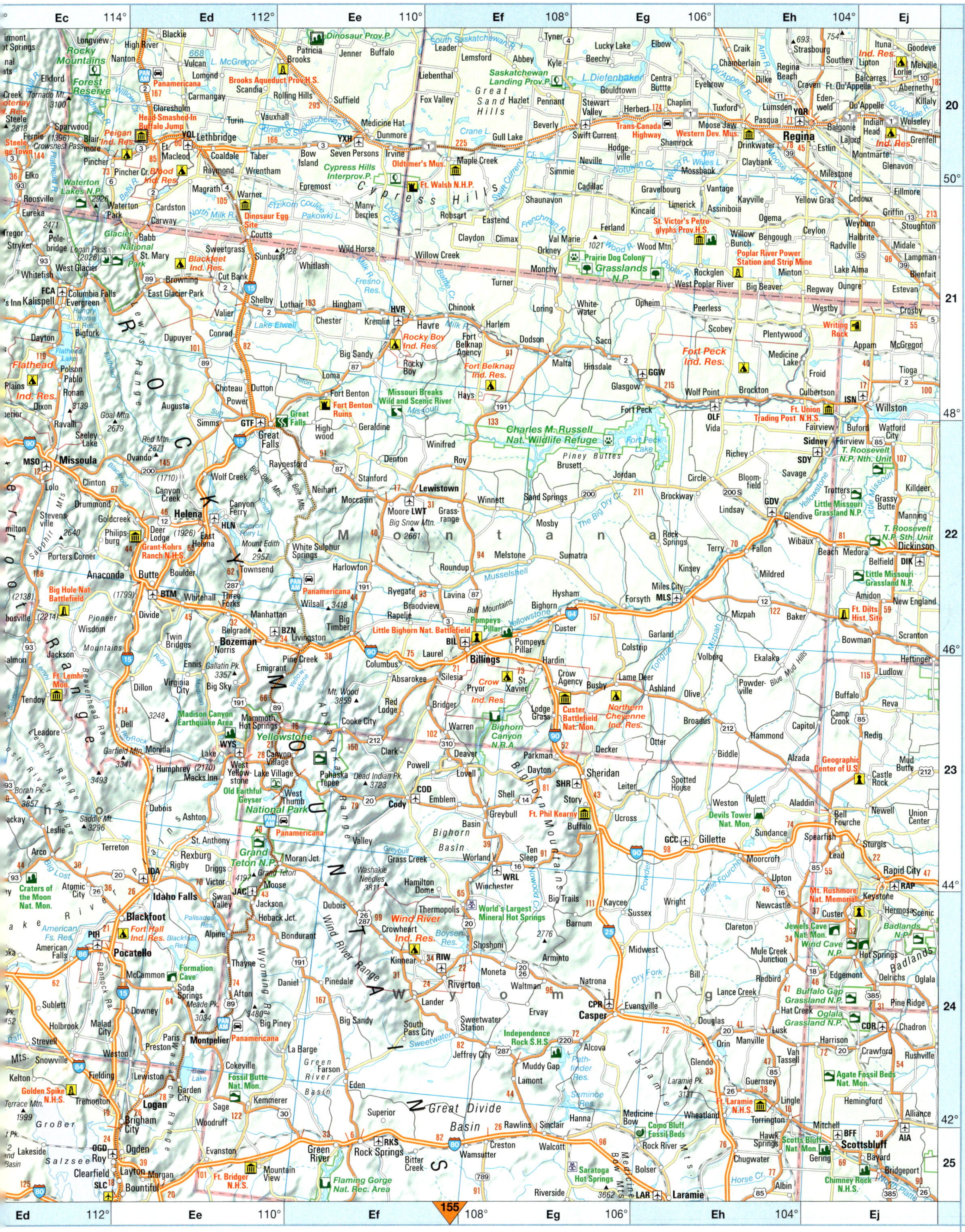

Maßstab 1:4 500 000
0 40 80 Kilometer

Berühmte Reiserouten
- Autoroute
- Bahnstrecke
- Schiffsroute

Herausragende Naturlandschaften und Naturmonumente
- UNESCO-Weltnaturerbe
- Felslandschaft
- Schlucht/Canyon
- Vulkan erloschen
- Höhle
- Wüstenlandschaft
- Naturpark
- Nationalpark (Landschaft)
- Nationalpark (Flora)
- Nationalpark (Fauna)
- Nationalpark (Kultur)
- Biosphärenreservat
- Wildreservat
- Whale watching
- Küstenlandschaft
- Strand

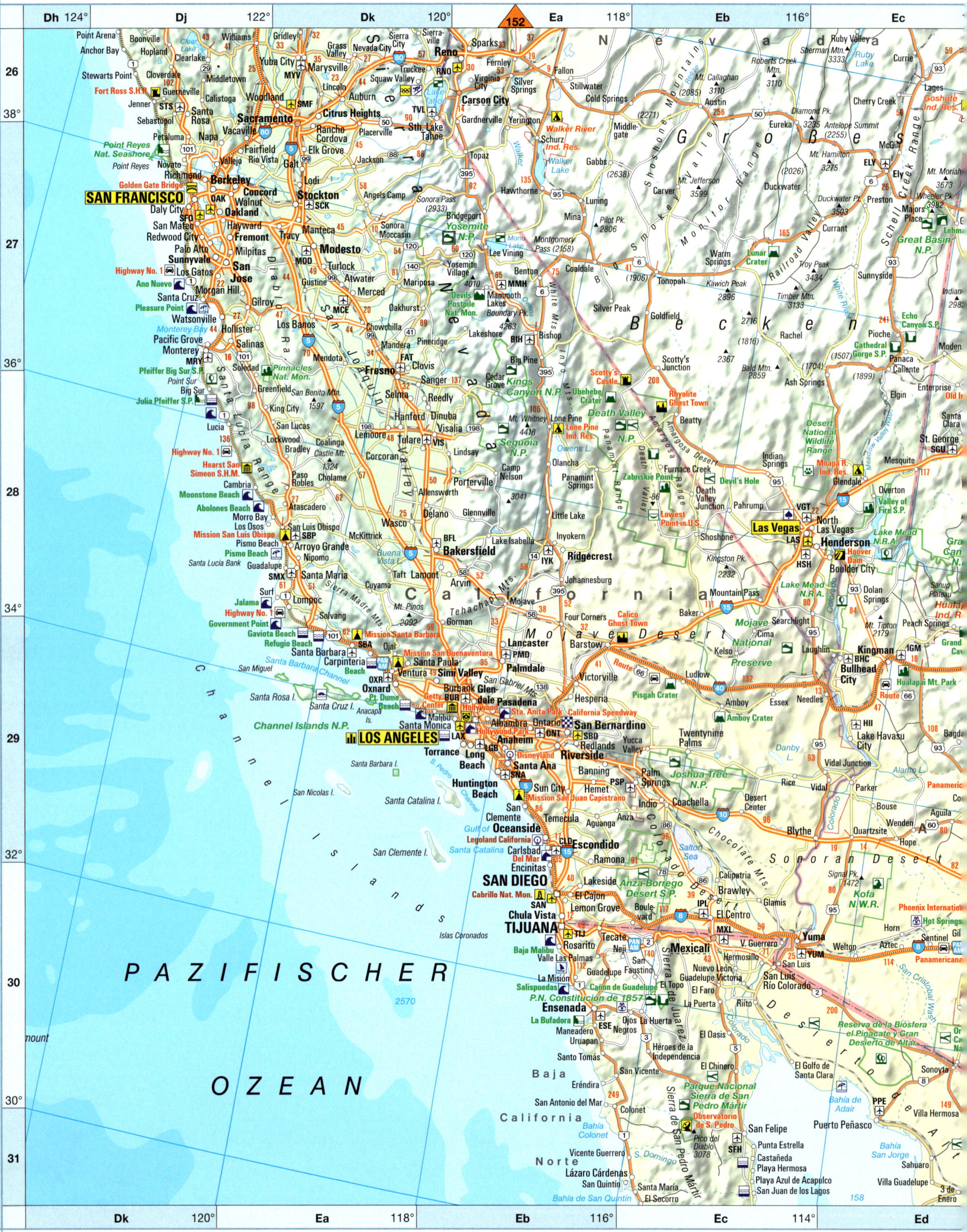

Herausragende Metropolen, Kulturmonumente und -veranstaltungen

- UNESCO-Weltkulturerbe
- Außergewöhnliche Metropole
- Christliche Kulturstätte
- Indianerreservation
- Indianische Pueblo-Kultur
- Historisches Stadtbild
- Burg/Festung/Wehranlage
- Technisches/industr. Monument
- Staumauer
- Herausragende Brücke
- Mahnmal
- Weltraumbahnhof
- Spiegel- und Radioteleskop
- Museum
- Theater
- Olympische Spiele

Sport- und Freizeitziele

- Rennstrecke
- Pferdesport
- Skigebiet
- Windsurfen

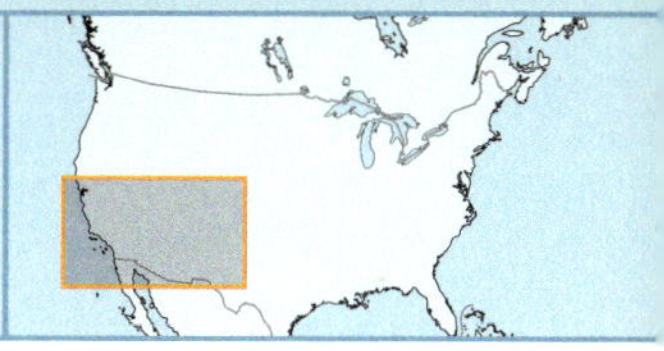

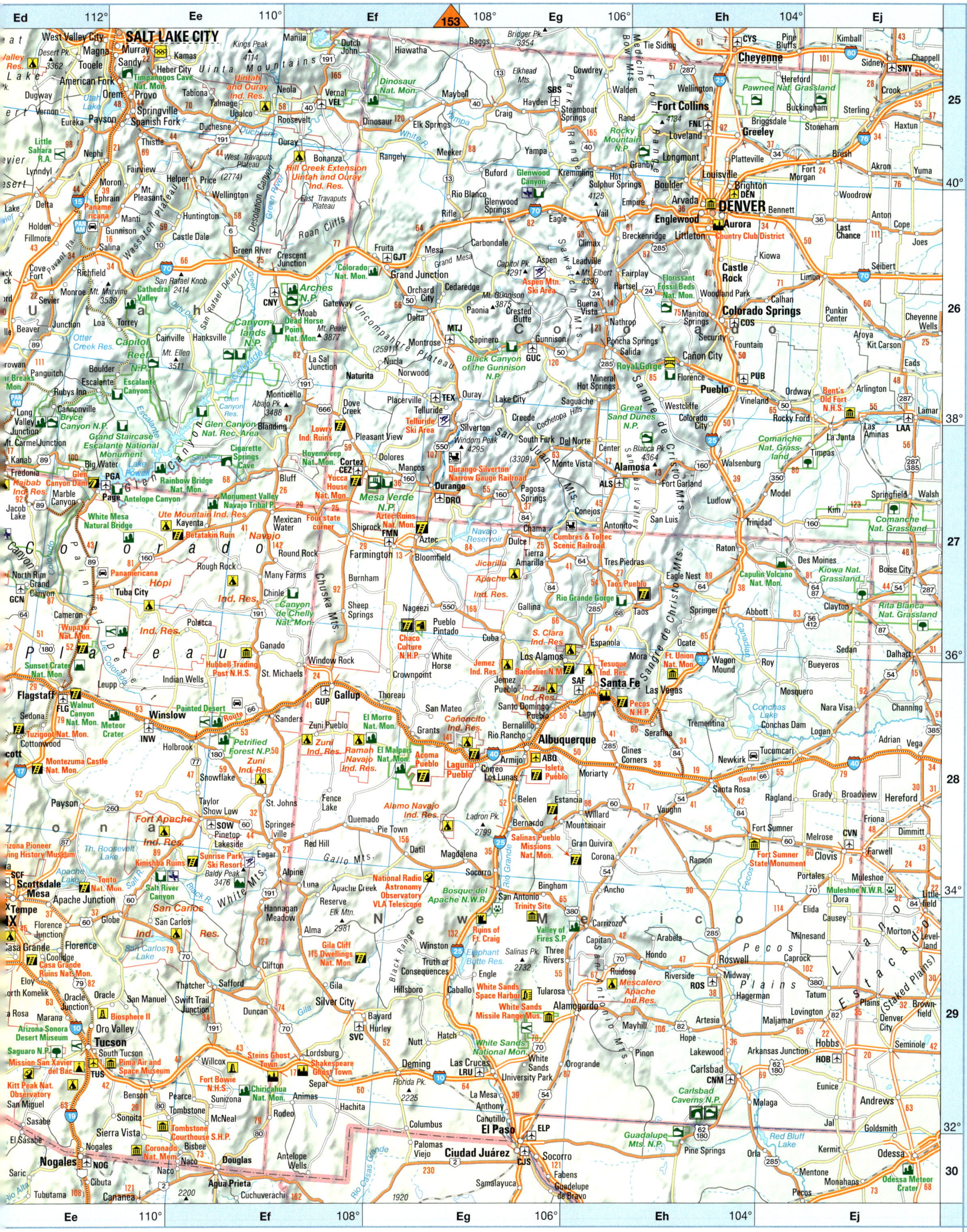

Die Registereinträge beziehen sich auf den Bildteil und auf die Karten. Nach dem Stichwort folgt, entsprechend dem Karteneintrag, ein Piktogramm (Erklärung Seite 151), das auf die Art der Sehenswürdigkeit verweist. Seitenzahl und Suchfeldangabe für den Kartenteil sind fett gedruckt. Danach folgt die Seitenzahl für den Bildteil, und zuletzt werden Internet-Adressen angegeben, die einen raschen Zugriff auf weitere aktuelle Informationen über die in diesem Werk beschriebenen Orte und Sehenswürdigkeiten ermöglichen. Die meisten Einträge auf den Bildseiten sind auch im Kartenteil zu finden, der darüber hinaus eine Fülle weiterer wichtiger touristischer Hinweise bietet.

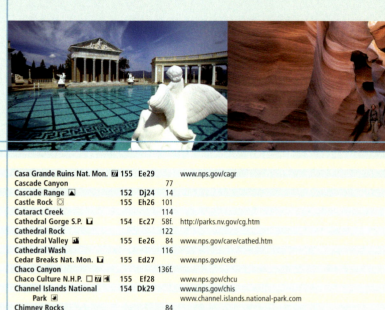

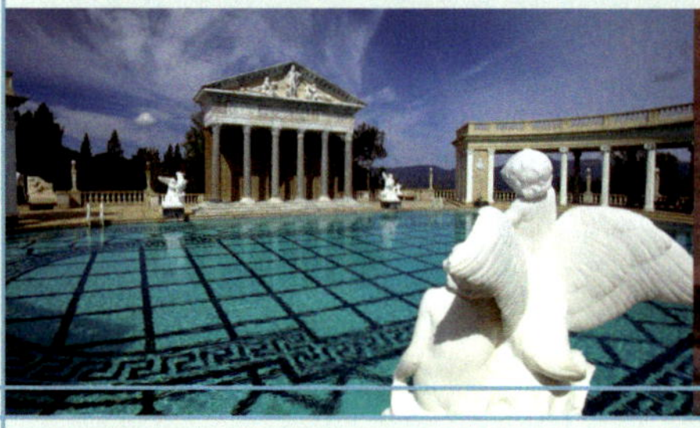

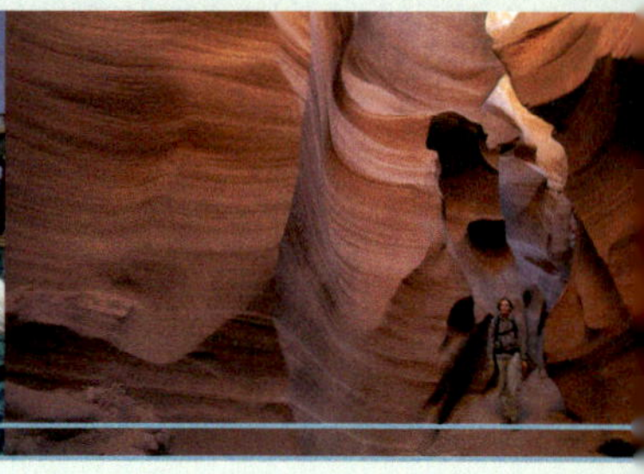

Abolones Beach	**154**	**Dk28**		www.wannasurf.com
Acoma			138	
Acoma Pueblo	**155**	**Eg28**	139	www.puebloofacoma.org www.nmmagazine.com/NMGUIDE/acoma.html
Ajo Mountain Drive			131	
Alamogordo	**155**	**Eh29**	145	
Alamo Navajo Ind. Res.	**155**	**Eg28**		www.nmmagazine.com/NMGUIDE/navajo.html
Alberta			67	
Alpine Lake Wilderness	**152**	**Dk22**		www.end.com/~jynx/travel/hikes/alpine.html
Amargosa Range	**154**	**Eb27**	55	
Amboy Crater	**154**	**Ec28**		www.americansouthwest.net
Anasazi Indian Village State Park			87	
Angel's Landing			97	
Ano Nuevo	**154**	**Dj27**		www.wannasurf.com
Antelope Canyon	**155**	**Ee27**	100f.	www.americansouthwest.net/slot_canyons/antelope_canyon
Antelope Valley			57	
Anza-Borrego Desert S.P.	**154**	**Eb29**		www.anzaborrego.statepark.org
Apache Junction	**155**	**Ee29**	135	
Arches N.P.	**155**	**Ef26**	90f.	www.utah.com/nationalparks/arches.htm
Arches Scenic Drive			91	
Arizona	**154**	**Ed29**	110f.	
Arizona Pioneer Living History Museum	**155**	**Ed29**		www.pioneer-arizona.com www.azcentral.com
Arizona Sonora Desert Museum	**155**	**Ee29**		www.desertmuseum.org www.desertusa.com/mag98/dec/stories/desmuseum.html
Aspen	**155**	**Eg26**	105	
Aspen Mtn. Ski Area	**155**	**Eg26**		www.aspensnowmass.com/default.cfm?var=1&hasFlash=1
Astoria	**152**	**Dj22**	19	
Avajo Canyon			109	
Avenue of the Giants	**152**	**Dj25**		www.inn-california.com
Aztec Ruins Nat. Mon.	**155**	**Eg27**		www.nps.gov/azru

Badger Canyon			116	
Balanced Rock	**152**	**Ec24**	91	www.stehno.com
Bandelier N.M.	**155**	**Eg28**		www.nps.gov/band
Banff N.P.			105	www.banffnationalpark.com www.ghosttowngallery.com/htme/bannack.htm
Barstow	**154**	**Eb28**	134	
Beaver Creek			121	
Bel Air			36f.	
Bent's Old Fort N.H.S.	**155**	**Ej26**		www.nps.gov/beol
Betatakin Ruin	**155**	**Ee27**		www.jqjacobs.net/southwest/betatakin.html
Beverley Hills			36f.	
Big Hole Nat. Battlefield	**153**	**Ed23**		www.nps.gov/biho
Bighorn Canyon N.R.A.	**153**	**Ef23**		http://bighorncanyon.areaparks.com
Big Rock	**154**	**Eb29**		www.wannasurf.com
Big Stump Basin			52	
Big Sur	**154**	**Dk27**	32	
Biosphere II	**155**	**Ee29**		http://www.bio2.com/index.html
Black Canyon of the Gunnison N.P.	**155**	**Eg26**		http://www.nps.gov/blca http://gorp.away.com/gorp/resource/us_nm/co_black.htm
Blackfeet Ind. Res.	**153**	**Ed21**		www.blackfeetnation.com
Black Rock Desert	**152**	**Ea25**	59	
Bonner Co. Hist. Mus.	**152**	**Eb21**		www.sandpoint.com/museum/default.asp
Bosque del Apache N.W.R.	**155**	**Eg29**		www.desertusa.com/mag00/nov/stories/bosque.html
Breckenridge	**155**	**Eh26**	105	
Bright Angel Trail			112f.	
Bryce Amphitheater			98	
Bryce Canyon N.P.	**155**	**Ed27**	98f.	www.bryce.canyon.national-park.com
Buckhorn Lookout			20	
Buffalo Bill Historical Center	**153**	**Ef23**		www.bbhc.org/pim/index.cfm
Bumpass Trail			45	
Burney Falls	**152**	**Dk25**		www.burneyfalls.com
Burns Paiute Ind. Res.	**152**	**Ea24**		www.harneycounty.com/1Paiute.htm

Cabrillo Nat. Mon.	**154**	**Eb29**		http://cabrillo.areaparks.com
Cactus Forest Drive			131	
Calico Ghost Town	**154**	**Eb28**	134	www.calicotown.com
California	**154**	**Ea28**	22f.	
California Speedway	**154**	**Eb28**		www.californiaspeedway.com
Camino Real			33	
Cannon Beach			18	
Cañoncito Ind. Res.	**155**	**Eg28**		www.fact-index.com/i/in/indian_reservation.html
Canyon de Chelly Nat. Mon.	**155**	**Ef27**	118f.	www.nps.gov/cach
Canyon del Muerto			118	
Canyonlands N.P.	**155**	**Ef26**	92f.	www.canyonlands.national-park.com
Cape Alava			10	
Cape Kiwanda State Park			18	
Cape Perpetua Scenic Area	**152**	**Dh23**		www.newportnet.com/capeperpetua
Cape Royal Drive			115	
Capitol Dome			84	
Capitol Reef N.P.	**155**	**Ee26**	85	www.capitol.reef.national-park.com
Capulin Volcano Nat. Mon.	**155**	**Eh27**		www.nps.gov/cavo
Carlsbad Caverns N.P.	**155**	**Eh29**	146f.	www.carlsbad.caverns.national-park.com
Carmel Beach	**154**	**Dk27**		www.wannasurf.com
Carmel-by-the-Sea	**154**	**Dk27**	33	www.carmelcalifornia.com
Casa Grande Ruins Nat. Mon.	**155**	**Ee29**		www.nps.gov/cagr
Cascade Canyon			77	
Cascade Range	**152**	**Dj24**	14	
Castle Rock	**155**	**Eh26**	101	
Cataract Creek			114	
Cathedral Gorge S.P.	**154**	**Ec27**	58f.	http://parks.nv.gov/cg.htm
Cathedral Rock			122	
Cathedral Valley	**155**	**Ee26**	84	www.nps.gov/care/cathed.htm
Cathedral Wash			116	
Cedar Breaks Nat. Mon.	**155**	**Ed27**		www.nps.gov/cebr
Chaco Canyon			136f.	
Chaco Culture N.H.P.	**155**	**Ef28**		www.nps.gov/chcu
Channel Islands National Park	**154**	**Dk29**		www.nps.gov/chis www.channel.islands.national-park.com
Chimney Rocks			84	
Chiricahua Nat. Mon.	**155**	**Ef29**		www.nps.gov/chir
Claquato Church	**152**	**Dj22**		www.ghosttowns.com/states/wa/claquato.html
Colorado	**155**	**Ee27**	94f.	
Colorado	**155**	**Eg26**	104f.	
Colorado Nat. Mon.	**155**	**Ef26**		www.nps.gov/colm
Colorado Plateau	**155**	**Ee27**	89	www.suwa.org/WATE/cpintro.html
Colville Ind. Res.	**152**	**Ea21**		www.wsulibs.wsu.edu/holland/masc/xaverytime.html
Comanche Nat. Grassland	**155**	**Ej27**		www.fs.fed.us/r2/psicc/coma
Como Bluff Fossil Beds	**153**	**Eh25**		www.dinodata.net/Dd/Namelist/Form/ComoBluff.htm
Constant Geysir			73	
Coronado Nat. Mem.	**155**	**Ee30**		www.nps.gov/coro
Country Club District	**155**	**Eh26**		www.denvergov.org/Design_Guidelines/template3446.asp
Cove Hot Springs	**152**	**Eb23**		www.visitlagrande.com/attractions.htm
Crater Lake	**152**	**Dj24**	8	
Crater Lake N.P.	**152**	**Dj24**		www.nps.gov/crla
Craters of the Moon Nat. Mon.	**153**	**Ed24**		www.nps.gov/crmo http://cratersofthemoon.areaparks.com www.id.blm.gov/craters
Cripple Creek	**155**	**Eh26**		www.cripple-creek.co.us
Crow Ind. Res.	**153**	**Ef23**		http://tlc.wtp.net/crow.htm
Cumbres & Toltec Scenic Railroad	**155**	**Eg27**		www.cumbrestoltec.com www.cumbrestoltec.org
Custer Battlefield Nat. Mon.	**153**	**Eg23**		http://geoimages.berkeley.edu/GeoImages/Starrs/CUSTER.html
Custer State Park			75	

Damon Point	**152**	**Dh22**		www.wannasurf.com
Dante's View			54	
Dead Horse Point Nat. Mon.	**155**	**Ef26**		www.go-utah.com/utah/dead-horse-point/state-park.html
Death Valley	**154**	**Eb27**	54f.	www.deathvalley.com
Death Valley N.P.	**154**	**Eb27**		www.nps.gov/deva
Delicate Arch			90	
Del Mar	**154**	**Eb29**		www.dmtc.com
Del Norte Coast			25	
Denver	**155**	**Eh26**	106f.	www.denver.org/index.asp www.denvergov.org
Desert National Wildlife Range	**154**	**Ec27**		http://desertcomplex.fws.gov www.desertusa.com/wild/du_corncreek.html
Desert View			112	
Devil's Garden			91	
Devil's Golf Course			54	
Devil's Hole	**154**	**Eb27**		http://desertcomplex.fws.gov/pupfish
Devils Postpile Nat. Mon.	**154**	**Ea27**		www.nps.gov/depo
Devils Tower Nat. Mon.	**153**	**Eh23**		www.nps.gov/deto
Dinosaur Nat. Mon.	**155**	**Ef25**		www.nps.gov/dino
Disneyland	**154**	**Eb29**		http://disneyland.disney.go.com
Double Hot Springs			59	
Double O Arch			91	
Duck Valley Ind. Res.	**152**	**Eb25**		http://itcn.org/tribes/dkvly.html
Durango-Silverton Narrow Gauge Railroad	**155**	**Eg27**		www.durangotrain.com www.creativelinks.com/events/train.htm

Eagle Falls			46	
Echo Canyon S.P.	**154**	**Ec27**		http://parks.nv.gov/ec.htm
El Capitan			50	
El Malpais Nat. Mon.	**155**	**Eg28**		www.nps.gov/elma
El Morro Nat. Mon.	**155**	**Ef28**		www.desertusa.com/mag00/jan/stories/elmorro.html
Emerald Pool			73	
Emmons Glacier			15	
Escalante Canyons	**155**	**Ee27**	87	www.wwwdi.com/special/misc/grand_staircase.htm
Escalante Petrified Forest State Park			87	
Estes Park			104	

Firehole River			73	
Flagstaff	**155**	**Ee28**	125	www.flagstaff.az.gov
Flaming Gorge Nat. Rec. Area	**153**	**Ef25**		www.americansouthwest.net/utah/flaming_gorge/nra.html www.utah.com/nationalsites/flaming_gorge.htm
Flathead Ind. Res.	**153**	**Ec22**		www.frommers.com/destinations/flatheadindianreservation
Florissant Fossil Beds Nat. Mon.	**155**	**Eh26**		www.coloradoguide.com/nparks/flfo/index.cfm www.nps.gov/flfo
Formation Cave	**153**	**Ee24**		www.untraveledroad.com

Von links nach rechts: Hearst Castle am Highway 1 (Kalifornien); Antelope Canyon und Delicate Arch in Utah; Grand Canyon National Park (Arizona).

Fort Apache Ind. Res. 155 Ee29 www.geocities.com/athens/delphi/2897
Fort Belknap Ind. Res. 153 Ef21 http://russell.visitmt.com
http://tlc.wtp.net/fort.htm
Fort Benton Ruins 153 Ee22 www.fortbenton.com/museums/oldfort.htm
http://nvghosttowns.topcities.com/mineral/benton.htm
Fort Bowie N.H.S. 155 Ef29 www.nps.gov/fobo
http://fortbowie.areaparks.com
Fort Bridger N.H.S. 153 Ee25 www.forttours.com/pages/tocftbridger.asp
http://wyoparks.state.wy.us/bridger.htm
Fort Clatsop National Memorial 152 Dj22 www.nps.gov/focl
Fort Hall Ind. Res. 153 Ed24 www.sho-ban.com/index.asp
Fort Laramie N.H.S. 153 Eh24 www.nps.gov/fola
www.fortlaramie.com
www.forttours.com/pages/tocftlaramie.asp
Fort Lemhi Mon. 153 Ed23 www.rootsweb.com/~idlemhi/flemhi.htm
www.trailtribes.org
Fort McDermitt Ind. Res. 152 Eb25 http://itcn.org/tribes/ftmcderm.html
www.historicphotoarchive.com/caps2/00149.html
Fort Peck Ind. Res. 153 Eh21 http://tlc.wtp.net/fortpeck.htm
Fort Phil Kearny 153 Eg23 www.philkearny.vcn.com
http://wyoparks.state.wy.us/kearny1.htm
Fort Ross S.H.P. 154 Dj26 www.parks.ca.gov/?page_id=449
www.mcn.org/1/rrparks/fortross
Fort Sumner State Monument 155 Eh28 www.nmmonuments.org/about.php?_instid=SUMN
Fort Union Nat. Mon. 155 Eh28 www.nps.gov/foun
www.newmexico.org
Fort Union Trading Post N.H.S. 153 Eh21 www.nps.gov/fous
Fossil Butte Nat. Mon. 153 Ee25 www.nps.gov/fobu
http://gorp.away.com/gorp/resource/us_nm/wy_fossi.htm
www.nationalparks.com/fossil_butte_national_monument.htm
Fremont River 85
Fullers 154 Dk27 www.wannasurf.com

Gallatin Range 73
Gas Chambers 152 Dh23 www.wannasurf.com
Gaviota Beach 154 Dk28 www.beachcalifornia.com/gaviota.html
www.parks.ca.gov/default.asp?page_id=606
Gerlach 152 Ea25 59
Getty Center 154 Ea28 www.getty.edu
www.galinsky.com/buildings/getty
Ghost Towns 134f.
Giant Forest 53
Gila Cliff Dwellings Nat. Mon. 155 Ef29 www.nps.gov/gicl
http://gilacliffdwellings.areaparks.com
Gila River Ind. Res. 155 Ee29 www.itcaonline.com/tribes_gila.html
Gingko Petrified Forest S.P. 152 Dk22 www.tcfn.org/tctour/parks/Ginkgo.html
Glacier N.P. (Montana) 153 Ec21 66f. www.nps.gov/glac
www.glacier.national-park.com
Glacier Peak Wilderness Area 152 Dk21 www.wilderness.net
Glen Canyon 155 Ee27 www.nps.gov/glca
www.americansouthwest.net
Glen Canyon Dam 155 Ee27 101 www.canyon-country.com/lakepowell/gcdam.htm
www.nps.gov/glca/damindx.htm
Glen Canyon Nat. Rec. Area 155 Ee27 www.nps.gov/glca
www.americansouthwest.net
Glenwood Canyon 155 Eg26 http://rockymountainscenery.com/glenwood
www.e-raft.com/Regions/Colorado/ColoradoGlenwood.asp
Gnomes'Workshop 54
Going-to-the-Sun-Road 62
Golden Canyon 54
Golden Gate Bridge 154 Dj27 28f. www.goldengate.org
www.goldengatebridge.org
Golden Spike N.H.S. 153 Ed25 www.nps.gov/gosp
www.sfmuseum.org/hist1/rail.html
Goldfield 154 Eb27 135
Goshute Ind. Res. 154 Ec26 http://itcn.org/tribes/goshute.html
http://dced.utah.gov/indian/Today/goshute.html
Government Point 154 Dk28 www.wannasurf.com
Grand Canyon 155 Ed27 110f. www.nps.gov/grca
www.grand.canyon.national-park.com
Grand Canyon Caverns 154 Ed28 www.gccaverns.com
www.kaibab.org/other/gc_oa_ca.htm
Grand Canyon N.P. 154 Ed27 www.grand.canyon.national-park.com
http://gorp.away.com
Grand Canyon of the Yellowstone 71
Grand Lake 104
Grand Staircase Escalante National Monument 155 Ee27 87 www.ut.blm.gov/monument
www.travelwest.net/parks/grandstaircase
Grand Teton 153 Ee24 77 www.nps.gov/grte
Grand Teton N.P. 153 Ee24 76f. www.nps.gov/grte
www.grand.teton.national-park.com
Grant-Kohrs Ranch N.H.S. 153 Ed22 www.nps.gov/grko
Great Basin N.P. 154 Ec26 58f. www.great.basin.national-park.com

Great Fountain Geysir 73
Great Salt Lake 153 Ed25 83
Great Sand Dunes N.P. 155 Eh27 http://sangres.com/sanddunes.htm
Great White Throne 97
Green River 155 Ee26 93
Grosvenor Arch 87
Guadalupe Mts. N.P. 155 Eh30 www.guadalupe.mountains.national-park.com
Guadelupe Mountains 147

Half Dome 50
Hart Mtn. Nat. Antelope Refuge 152 Ea24 http://pacific.fws.gov/refuges/field/OR_hartmtn.htm
http://gorp.away.com/gorp/resource/us_nwr/or_hart.htm
Havasupai Ind. Res. 155 Ed27 www.westworld.com/~woody/supai.html
Havusa Falls 114
Haystack Rock 18
Hearst Castle 32
Hearst San Simeon S.H.M. 154 Dk28 www.hearstcastle.org
Hells Canyon 152 Eb23 www.nps.gov/rivers/wsr-snake.html
Hells Canyon Dam 20
Hells Canyon Nat. Rec. Area 152 Eb23 20f. www.nps.gov/rivers/wsr-snake.html
www.snakeriveradventures.com/
Highway No. 1 152 Dj26 33 www.kalifornien-tour.de/hwy1.htm
Hill Creek Extension Uintah and Ouray Ind. Res. 155 Ef26 www.onlineutah.com/uintah-ourayreservationhistory.shtml
www.fema.gov/regions/viii/tribal/northernutebg.shtm
Hoh Rain Forest 11
Hollywood 154 Ea28 37f. www.hollywood.com
www.seeing-stars.com/index.shtml
Hollywood Park 154 Ea29 www.hollywoodpark.com
Hoopa Valley Ind. Res. 152 Dj25 www.hoopa-nsn.gov/default.htm
Hoover Dam 154 Ec27 www.usbr.gov/lc/hooverdam
Hopi Ind. Res. 155 Ee27 www.hopi.nsn.us/
Hot Springs 154 Ed29 http://azwww.az.blm.gov/ohv/agua.htm
Hualapai Canyon 114
Hualapai Hilltop 114
Hualapai Ind. Res. 154 Ed28 www.americansouthwest.net
Hualapai Mountain Park 154 Ed28 www.co.mohave.az.us/pw/hualapai_park.htm
Hubbell Trading Post N.H.S. 155 Ef28 www.hubbell.org/hubbell/HTPNHS.htm
Humboldt Redwoods State Park 152 Dj25 www.humboldtredwoods.org
www.parks.ca.gov/default.asp?page_id=425
Hurricane Ridge 11

Ice Caves 152 Dk23 www.a2zgorge.info/area/GulerIceCaves.htm
Idaho 152 Ec24 63f.
Independence Rock S.H.S. 153 Eg24 http://wyoparks.state.wy.us/irock1.htm
Indian Gardens 113f.
»Islands in the Sky« 92
Isleta Pueblo 155 Eg28 www.isletapueblo.com

Jackson Lake 76f.
Jalama 154 Dk28 www.wannasurf.com
Jasper Forest 126
Jasper National Park 105
Jedediah Smith Park 25
Jemez Ind. Res. 155 Eg28 www.cinprograms.org/people/pueblo/jemez.html
Jemez Pueblo 155 Eg28 www.cinprograms.org/people/pueblo/jemez.html
Jenny Lake 76f.
Jerome 152 Ec24 135
Jerome State Park 135
Jicarilla Apache Ind. Res. 155 Eg27 www.jicarillaonline.com
John Day Fossil Beds Nat. Mon. Clarno Unit 152 Dk23 www.nps.gov/joda
http://gorp.away.com/gorp/resource/us_nm/or_john.htm
John Day Fossil Beds Nat. Mon. Painted Hills Unit 152 Dk23 www.nps.gov/joda
http://gorp.away.com/gorp/resource/us_nm/or_john.htm
John Day Fossil Beds Nat. Mon. Sheep Rock Unit 152 Ea23 www.nps.gov/joda
http://gorp.away.com/gorp/resource/us_nm/or_john.htm
John Muir Trail 52
Johnson Canyon 86
Johnson Ridge Observatory 17
Joshua Tree N.P. 154 Eb29 56f. www.joshua.tree.national-park.com
Julia Pfeiffer S.P. 154 Dk27 www.parks.ca.gov/default.asp?page_id=578
Juniper Dunes Wilderness 152 Ea22 www.wilderness.net

Kaibab Ind. Res. 155 Ed27 www.roommatenation.com
Kaibab Plateau 113
Kalispel Ind. Res. 152 Eb21 www.angelfire.com/id/newpubs/kalispel4.html
Kanab 155 Ed27 87
Kings Canyon N.P. 154 Ea27 52f. http://kingscanyon.areaparks.com
Kinishba Ruins 155 Ee29 www.azcentral.com
Kiowa National Grassland 155 Ej27 www.llbean.com/parksearch/parks/html/240lln.htm
Kitt Peak Nat. Observatory 155 Ee30 www.noao.edu/kpno/
Kodachrome Basin State Park 87
Kofa N.W.R. 154 Ed29 www.americansouthwest.net/arizona/kofa/wildlife_refuge.html
Kuna Cave 152 Eb24 www.kunaschools.org/drognlie/kuna/Kuna_caves.htm

Laguna Pueblo 155 Eg28 www.lagunapueblo.org
La Jolla 42
Lake Crescent 11
Lake Lucero 145
Lake Mead N.R.A. 154 Ec27 www.nps.gov/lame
Lake Powell 155 Ee27 100f.
Lake Shasta 45
Lake Tahoe 154 Dk26 46f. www.tahoe.com/apps/pbcs.dll/frontpage
Lake Washington 12
Landscape Arch 91
La Push 152 Dh22 www.wannasurf.com
La Sal Mountains 92
Lassen Volcanic N.P. 152 Dk25 44f. www.lassen.volcanic.national-park.com
Lasson Peak 44
Las Vegas 154 Ec27 60f. www.vegas.com
Lava Beds Nat. Mon. 152 Dk25 www.nps.gov/labe
Lee's Ferry 116f.
Legoland California 154 Eb29 www.lego.com/legoland/california//default.asp?locale=2057
Lehman Caves 154 Ec26 58f. www.desertusa.com/grb/lehman.html
Lincoln City 152 Dj23 19
Little Bighorn Nat. Battlefield 153 Ef23 68 www.usd.edu/iais/bighorn/bighorn.html
Little Sahara R.A. 155 Ed26 www.americansouthwest.net
Logan Pass 153 Ec21 67
Lone Pine Ind. Res. 154 Eb27 www.csusm.edu
Long Beach Pen. 152 Dh22 www.funbeach.com
Longmire Valley 14
Lordsburg 155 Ef29 134
Los Angeles 154 Ea28 34f. www.ci.la.ca.us
Lowest Point in U.S. 154 Eb27 www.terragalleria.com/parks/np-image.deva2173.html
Lowry Ind. Ruins 155 Ef27 http://gorp.away.com/gorp/resource/archaeol/indruin3.htm
Lunar Crater 154 Ec26 www.americansouthwest.net

Madison Canyon Earthquake Area 153 Ee23 http://visitmt.com http://montanagroups.com/p22.htm
Madison Junction 73
Madrid 135
Makah Ind. Res. 152 Dh21 www.northolympic.com/makah
Malheur Nat. Wildlife Refuge 152 Ea24 http://pacific.fws.gov/malheur http://gorp.away.com/gorp/resource/us_nwr/or_malhe.htm
Malibu 154 Ea29 www.wannasurf.com
Mammoth Hot Springs 153 Ee23 70
Many Glacier Valley 66
Marble Canyon 155 Ee27 116f.
Marin Peninsula 29
Mavericks 154 Dj27 www.wannasurf.com
Maze District 93
Merced River 51
Mesa Arch 92
Mesa Verde N.P. 155 Ef27 108f. www.mesa.verde.national-park.com
Mescalero Apache Ind.Res. 155 Eh29 www.mescaleronet.com
Meteor Crater 155 Ee28 124f. www.meteorcrater.com
Mica Mountain 131
Mill Creek 25
Mission Bay 42f.
Mission San Buenaventura 154 Ea28 www.sanbuenaventuramission.org
Mission San Juan Capistrano 154 Eb29 www.missionsjc.com/
Mission San Luis Obispo 154 Dk28 www.californiamissions.com/cahistory/sanluis.html
Mission Santa Barbara 154 Ea28 www.sbmission.org/home.html
Mission San Xavier del Bac 155 Ee29 www.sanxaviermission.org
Missouri Breaks Wild and Scenic River 153 Ef22 www.missouribreaksriverco.com
Moab 155 Ef26 94
Moapa R. Ind. Res. 154 Ec27 http://itcn.org/tribes/moapa.html
Mojave Desert 154 Eb28 57
Mojave National Preserve 154 Ec28 www.nps.gov/moja
Mono Lake 154 Ea26 48f. www.monolake.org
Montana 153 Ef22 66f.
Monterey 154 Dk27 33
Monterey Bay Aquarium 154 Dj27 www.mbayaq.org
Montezuma Castle Nat. Mon. 155 Ee28 www.nps.gov/moca www.desertusa.com/mzm
Monument Castle 121
Monument Valley 102f. www.americansouthwest.net/utah/monument_valley
Monument Valley Navajo Tribal Park 155 Ee27 www.desertusa.com/monvalley www.navajonationparks.org/monumentvalley.htm
Mooney Falls 114
Moonstone Beach 154 Dk28 www.wannasurf.com
Mormonen 82f.
Moro Rock 52
Moss Landing 154 Dk27 www.wannasurf.com
Mount Elbert 155 Eg26 105
Mount Hood 152 Dk23 17
Mount Moran 77
Mount Rainier N.P. 152 Dk22 14f. www.mount.rainier.national-park.com
Mount Robson 105
Mount Saint Helens 152 Dj22 17 www.fs.fed.us/gpnf/mshnvm
Mount Saint Helens Nat. 152 Dj22 www.fs.fed.us/gpnf/mshnvm
Mount Shasta 152 Dj25 44f.
Mount Spokane S.P. 152 Eb22 www.parks.wa.gov
Mount Whitney 154 Ea27 52f.
Mummy Cave 119
Museum of the Plains Indian 153 Ef23 www.bbhc.org/pim/index.cfm

Napa 154 Dj26 31
Napa Valley 30f.
National Radio Astronomy Observatory VLA Telescope (Socorro NM) 155 Eg29 www.aoc.nrao.edu www.vla.nrao.edu
Navajo Bridge 116
Navajo Ind. Res. 155 Ef27 119 www.americanwest.com/pages/navajo2.htm
»Needles District« 92
Nee-Me-Poo-Trail 20
Nevada 154 Ea26 58f.
Nevada Falls 50
Newberry Nat. Vol. Mon. 152 Dk24 www.fs.fed.us/r6/centraloregon/newberrynvm/index.shtml
New Mexico 155 Eg29 134f.
Nez Perce Ind. Res. 152 Eb22 www.nezperce.org/Main.html
Nisqually Glacier 15
Noriega 154 Dj27 www.wannasurf.com
Norris Geysir Basin 71
North Cascades N.P. 152 Dk21 www.north.cascades.national-park.com
Northern Cheyenne Ind. Res. 153 Eg23 http://visitmt.com
North Rim 155 Ed27 115

Oak Creek Canyon 122f.
Oakland 154 Dj27 26 www.oaklandnet.com
Oakville 152 Dj22 31
Oceanside Harbor 154 Eb29 www.wannasurf.com
Odessa Meteor Crater 155 Ej30 www.odessahistory.com/crater.htm
Old Faithful Geysir 153 Ee23 71 www.nps.gov/yell/oldfaithfulcam.htm
Old Irontown Ruins 154 Ed27 www.utahoutdooractivities.com/irontown.html
Olympic Mountains 152 Dj22 10 www.nps.gov/olym/home.htm
Olympic N.P. 152 Dj22 10f. www.olympic.national-park.com
Olympic Peninsula 152 Dh22 8 www.olympicpeninsula.org
Oregon 152 Dk24 8f.
Oregon Caves Nat. Mon. 152 Dj24 www.nps.gov/orca
Oregon Dunes N.R.A. 152 Dh24 http://gorp.away.com/gorp/resource/us_nra/or_dunes.htm
Organ Pipe Cactus Nat. Mon. 154 Ed29 131 www.desertusa.com/organ/du_org_main.html
Outlaw Trail 85

Page 155 Ee27 101
Painted Desert 155 Ee28 127 www.nps.gov/pefo/painteddesert.htm
Palm Springs 154 Eb29 57 www.palm-springs.org
Palouse Falls 20f.
Panamericana (Arizona) 154 Ed29 www.fact-index.com/p/pa/pan_american_highway_1.html
Panamericana (British Columbia) 153 Ee22 www.fact-index.com/p/pa/pan_american_highway_1.html
Panamericana (California) 152 Dj26 www.fact-index.com/p/pa/pan_american_highway_1.html
Panamericana (Montana) 153 Ee22 www.fact-index.com/p/pa/pan_american_highway_1.html
Panamericana (Oregon) 152 Dj23 www.fact-index.com/p/pa/pan_american_highway_1.html
Panamint Range 154 Eb27 55
Papago Ind. Res. 155 Ed29 http://jeff.scott.tripod.com/Tohono.html
Paradise 152 Dk26 15
Paria Canyon 87
Pasayten W.A. 152 Dk21 www.wilderness.net/nwps/wild_view.cfm?wname=Pasayten
Paunsaugunt Plateau 98
Pawnee Nat. Grassland 155 Eh25 www.trailsandgrasslands.org/pawnee.html
Pecos N.H.P. 155 Eh28 http://pecos.areaparks.com
Petrified Forest N.P. 155 Ef28 126f. www.petrified.forest.national-park.com
Pfeiffer Big Sur S.P. 154 Dk27 www.parks.ca.gov/?page_id=570
Phoenix 155 Ed29 123 http://phoenix.gov
Phoenix International Raceway 154 Ed29 www.phoenixintlraceway.com
Pikes Peak International Raceway 155 Eh26 www.ppir.com
Pima Air and Space Museum 155 Ee29 www.pimaair.org
Pinnacles Nat. Mon. 154 Dk27 www.nps.gov/pinn
Pipe Spring Nat. Mon. 155 Ed27 www.nps.gov/pisp
Pisgah Crater 154 Eb28 http://volcano.und.nodak.edu
Pismo Beach 154 Dk28 www.classiccalifornia.com
Pismo Beach 154 Dk28 http://www.pismobeach.org/SITE/index/index.html
Pleasure Point 154 Dj27 www.wannasurf.com
Point Dume Beach 154 Ea28 www.parks.ca.gov/default.asp?page_id=623
Point Reyes Nat. Seashore 154 Dj26 www.nps.gov/pore
Pompeys Pillar 153 Ef23 www.mt.blm.gov/pillarmon
Port Angeles 11
Prarie Creek 25
Prescott 154 Ed28 135
Pueblo Bonito 137
Puerto Blanco Drive 131
Puget Sound 152 Dj22 12
Pyramid Lake Ind. Res. 152 Ea25 http://plpt.nsn.us

Von links nach rechts: Olympic Peninsula (Washington); San Francisco (Kalifornien); im Yellowstone National Park (Wyoming, Idaho, Montana); »The Wave« in den Vermillion Cliffs (Utah); Rocky Mountains National Park (Colorado).

Q

Quinn River 59

R

Rainbow Bridge Nat. Mon. 155 Ee27 101 www.nps.gov/rabr
Rainier N.P., Mount 152 Dk22 www.mount.rainier.national-park.com
Ramah Navajo Ind. Res. 155 Ef28 www.nmmagazine.com/NMGUIDE/navajo.html
Red Canyon 87
Red Rock Canyon 57
Red Rock County 122f.
Redwood N.P. 152 Dj25 24f. www.redwood.national-park.com
Refugio Beach 154 Dk28 www.parks.ca.gov/default.asp?page_id=603
Reno 154 Ea26 59
Rhyolite Ghost Town 154 Eb27 www.rhyolitesite.com
Rincon 154 Ea28 www.wannasurf.com
Rio de Chelley 119
Rio Grande Gorge 155 Eh27 138 http://sangres.com/statenm/riogrgorge.htm
Rio Pueblo de Taos 139
Rita Blanca National Grassland 155 Ej27 www.llbean.com/parksearch/parks/html/240lln.htm www.tsha.utexas.edu
Ritter Hot Springs 152 Ea23 www.trails.com
Rocky Boy Ind. Res. 153 Ef21 http://russell.visitmt.com
Rocky Mountain N.P. 155 Eh25 104f. www.rocky.mountain.national-park.com
Round Valley Ind. Res. 152 Dj26 www.covelo.net/tribes/pages/tribes.shtml
Route 66 (New Mexico) 155 Eh28 www.national66.com
Royal Gorge 155 Eh26 105 www.royalgorgebridge.com
Ruby Mts. Scenic Area 152 Ec25 www.nevadawilderness.org/northeast/ruby.htm
Ruins of Fort Craig 155 Eg29 www.over-land.com/fortcraig.html

S

Sacramento Mountains 145
Saguaro N.P. 155 Ee29 131 www.nps.gov/sagu
Saint Helens Nat. Volcanic Mon., Mount 152 Dj22 www.fs.fed.us/gpnf/mshnvm http://vulcan.wr.usgs.gov
Salem 152 Dj23 http://www.cityofsalem.net
Salinas Pueblo Missions Nat. Mon. 155 Eg28 www.nps.gov/sapu http://salinaspueblomissions.areaparks.com
Salt Lake City 155 Ee25 83 www.ci.slc.ut.us
Salt River Canyon 155 Ee29 www.azcentral.com
San Andres Mountains 145
San Carlos Ind. Res. 155 Ee29 www.itcaonline.com/tribes_sancarl.html
San Diego 154 Eb29 42f.
San Francisco 154 Dj27 26f. www.sfgate.com
San Juan N.H.P. 152 Dj21 www.nps.gov/sajh
San Onofre 154 Eb29 www.wannasurf.com
San Simeon 32
Santa Anita Park 154 Eb28 www.santaanita.com
Santa Barbara 154 Ea28 32 www.santabarbaraca.com
Santa Clara Ind. Res. 155 Eg28 www.cinprograms.org/people/pueblo/santaclara.html
Santa Fe 155 Eh28 141 www.santafe.org
Santa Monica 154 Ea28 36 http://santa-monica.org/cm
Saratoga Hot Springs 153 Eg25 www.wyomingcarboncounty.com/hot.htm
Sawtooth Mts. 152 Ec24 64f.
Schnebly Hill Drive 122
Scotia 152 Dh25 24
Scotty's Castle 154 Eb27 www.outwestnewspaper.com/scotty.html
Seaport Village 42
Seaside 152 Dj23 19
Seaside Point 152 Dh23 www.wannasurf.com
Seattle 152 Dj22 12 www.seattle.net
Sedona 155 Ee28 122f.
Sequoia N.P. 154 Ea27 53 www.sequoia.national-park.com
Sevenmile Draw 116
Shakespeare Ghost Town 155 Ef29 www.shakespeareghostown.com
Sheldon Nat. Wildlife Refuge 152 Ea25 http://refuges.fws.gov/profiles/index.cfm?id=14621
Shore Acres State Park 18
Shoshone Falls 64f.
Shoshone Ice Caves 152 Ec24 www.roadsideamerica.com/attract/IDSHOcave.html
Sierra Nevada 154 Dk26 49f.
Signal Mountain Road 76
Sinagua 121
Skull Valley Ind. Res. 155 Ed25 www.skullvalleygoshutes.org
Snake River 152 Eb23 20f.
Snake River Canyon 152 Eb22 www.snakeriveradventures.com
Snoopy Rock 122
Sol Duc Hot Springs 11
Sonoma Valley 31
Sonoran Desert 154 Ec29 130 www.desertusa.com/du_sonoran.html
South Coldwater Lake 16
South Kaibab Trail 115
South Lake Tahoe 154 Ea26 47 www.virtualtahoe.com
South Rim 113
Spirit Lake 16
Spokane House 152 Eb22 www.riversidestatepark.org/spokane_house.htm
Squaw Valley 154 Dk26 www.squaw.com
Steamboat Geysir 71
Steins Ghost Town 155 Ef29 www.ghosttowns.com/states/nm/steins.html
Subway Caves 152 Dk25 www.fs.fed.us/r5/lassen/about/index.shtml
Sulphur Creek 84
Summit Lake Ind. Res. 152 Ea25 http://itcn.org/tribes/summit.html
Sunrise Park Ski Resort 155 Ef29 www.sunriseskipark.com/default.shtml
Sunset Crater Nat. Mon. 155 Ee28 124f. www.nps.gov/sucr
Supai 114
Super Tubes 154 Ea29 www.wannasurf.com
Swamis 154 Eb29 www.wannasurf.com
Swiftcurrent Lake 66

T

Tall Trees Grove 152 Dj25 25 http://travel.yahoo.com
Tanque Verde Ridge Trail 131
Taos Pueblo 155 Eh27 139 www.taospueblo.com
Telluride Ski Area 155 Eg27 www.tellurideskiresort.com
Te-Moak Ind. Res. 152 Ec25 http://itcn.org/tribes/te-moak.html
Temple of Sinawava 97
Tesuque Ind. Res. 155 Eh28 www.cinprograms.org/people/pueblo/tesuque.html
Teton Pass 76
Teton Range 77
The Cove Palisades S.P. 152 Dk23 www.oregonstateparks.org/park_32.php
The Needles 155 Ef26 www.americansouthwest.net
The Wedge 154 Eb29 www.wannasurf.com
Tillamook 152 Dj23 19 www.tillamookcheese.com
Timberline Lodge Ski Area 152 Dk23 www.timberlinelodge.com/defaultweb.asp
Timpanogos Cave Nat. Mon. 155 Ee25 www.nps.gov/tica
Tombstone Courthouse S.H.P. 155 Ee30 www.pr.state.az.us/Parks/parkhtml/tombstone.html
Tonto Nat. Mon. 155 Ee29 www.nps.gov/tont
Trinity Site 155 Eg29 http://members.aol.com/JTankard/trinity/home.html
Tucson 155 Ee29 132 http://www.ci.tucson.az.us
Tularosa-Becken 145
Tuzigoot Nat. Mon. 155 Ee28 www.nps.gov/tuzi
Twin Falls 152 Ec24 65

U

Ubehebe Crater 154 Eb27 http://wrgis.wr.usgs.gov/docs/parks/deva/ftube1.html
Uintah and Ouray Ind. Res. 155 Ee25 www.media.utah.edu/UHE/u/UINTAH-OURAY.html
Umatilla Ind. Res. 152 Ea23 www.umatilla.nsn.us
Under-The-Rim-Trail 99
Upper Geysir Basin 73
Upper Pittsburg Landing 20
Utah 155 Ed26 80f.
Ute Mountain Ind. Res. 155 Ee27 www.utemountainute.com www.ausbcomp.com/redman/ute_mountain.htm

V

Vail 155 Eg26 105
Valley of Fire S.P. 154 Ec27 144f. www.desertusa.com/nvval/du_nvval_desc.html
Valley of Fires S.P. 155 Eg29 www.llbean.com/parksearch/parks/html/146llb.htm

W

Walker River Ind. Res. 154 Ea26 http://itcn.org/tribes/wrpt.html
Walnut Canyon Nat. Mon. 155 Ee28 www.nps.gov/waca
Warm Springs Ind. Res. 152 Dk23 www.warmsprings.com
Washington 152 Dk22 8f.
Waterpocket Fold 85
Waterton-Glacier International Peace Park 67
Waterton Lakes N.P. 66f. www.canadavacationplanner.com/listings/en/1197
West Glacier 153 Ec21 62
Westport 152 Dh22 www.wannasurf.com
Wheeler Peak 154 Ec26 58f.
White Mesa Natural Bridge 155 Ee27 www.archhunter.de/A_wmesa.htm
White Mountains 155 Ef29 www.whitemtns.com
White Sands Missile Range Museum 155 Eg29 www.wsmr-history.org www.nmohwy.com/w/whsamirm.htm
White Sands National Monument 155 Eg29 144f. www.nps.gov/whsa www.desertusa.com/wsand
White Sands Space Harbor 155 Eg29 www.wstf.nasa.gov/WSSH/Default.htm
Whitman Mission N.H.S. 152 Ea23 www.nps.gov/whmi
Wind River Ind. Res. 153 Ef24 http://homepages.rootsweb.com www.vacationinwyoming.com/mainwindriverreservation.htm
World's Largest Mineral Hot Springs 153 Ef24 www.thermopolis.com/statepark.html www.thermopolis.com/pools.html
Wupatki Montezuma Castle 121
Wupatki Nat. Mon. 155 Ee28 120 www.nps.gov/wupa
Wyoming 153 Ef24 76f.

Y

Yellowstone National Park 153 Ee23 70f. http://whc.unesco.org/sites/28.htm www.yellowstonenationalpark.com
Yosemite N.P. 154 Ea27 51 http://whc.unesco.org/sites/308.htm
Yosemite Valley 50f.
Yucca House Nat. Mon. 155 Ef27 www.nps.gov/yuho

Z

Zabriskie Point 154 Eb27 www.americansouthwest.net
Zia Ind. Res. 155 Eg28 www.cinprograms.org/people/pueblo/zia.html
Zion Canyon 97
Zion N.P. 155 Ed27 96f. www.nps.gov/zion
Zuni Ind. Res. 155 Ef28 www.brookmanstamps.com/Netcat/Indians/Zuni.htm

Bildnachweis

Abkürzungen:
C = Corbis
CH = Christian Heeb
DFA = Das Fotoarchiv
G = Getty
IFA = IFA Bilderteam
L = Laif
P = Premium
RH = Rainer Hackenberg

Von oben links nach unten rechts nummeriert.

Titel World Landmarks and Travel, PhotoDisk Vol. 60; 2/3 RH; 4-7 CH; 7.1 C/Watts, 7.2 C/Sinibaldi, 7.3 P; 7.4 IFA/NovaStock, 7.5 P/Sisk, 7.6 CH; 8 L/Heeb; 8/9 C/Watts; 10.1 P, 10.2 RH; 10/11-12.2 CH, 12.3 P, 12/13 CH; 13 CH; 14.1 P, 14.2 CH; 14/15 P; 16.1, 2 CH; 16/17 P/Raymer; 18.1 CH, 18.2 P/NGS; 18.3 L/Heeb; 18/19 CH; 20 C/Kennedy; 20/21 CH; 21 C/Muench; 22 CH; 22/23 C/Sinibaldi; 24.1 Mau, 24.2 C/Gullin; 24/25.1 P/Gilchrist, 24/25.2 P/First Light/Watts; 26 P; 26/27 C/Ross; 27.1 P/Kosuge, 27.2 P/Stock Image; 28 Stone/Layda; 28/29 P/Stock Image/Stimpson; 30.1 C/Tharp, 30.2 C/Streano; 30/31 C/O'Rear; 32.1 C/Krist, 32.2 C/Muench; 32/33 C/Muench; 33 CH; 34 P; 34/35 P/Image State/Cord; 36.1 C/Saloutos, 36.2 CH; 36/37 CH; 38.1 C/Landau, 38.2-39 CH; 40.1 C/Fobes, 40.2 L/Piepenburg, 40.3 C/NewSport/Brown; 41 C/Reuters/Nicholson; 42 P; 42/43 C/Ross; 44 C/Royalty-free; 44/45 C/O'Rear; 45 P; 46 C/Sohm; 46/47 CH; 48.1 CH, 48.2 P/Weyers; 48/49.1 P/First Light/Watts, 48/49.2 P/Sisk; 50.1 L/Piepenburg, 50.2 C/Rowell, 50.3 G/Coleman; 50/51 P/Sisk; 52.1, 2 P, 52.3 CH; 52/53 P/Minden/Cliffton; 54.1 P/Flaherty, 54.2 P/Design Pics, 54.3 P/Pacific Stock/Vaughn, 54.4 P/Marr, 54.5 P/Stock Image/Grunewald, 54.5 P/ImageState/Mackie; 54/55.1 P/Sheumaker, 54/55.2 P/ImageState; 56.1 P, 56.2 König, 56.3 P/Fischer, 56.4 P/ImageState, 56.5 P/Foott; 56/57 P; 58-59 CH; 60.1 C/PictureNet, 60.2 CH, 60.3 P, 60.4 IFA/Panstock; 60/61 IFA/Panstock; 62 P/Allison; 62/63 DFA/Wheeler; 64 CH; 64/65 P/McNitt; 66 P/Sisk; 66/67 C/Muench; 68 IFA/John Arnold Images; 68/69 CH; 69.1, 2 CH; 70.1 P/Schott, 70.2 P/Minden/Brandenburg, 70.3 P/Minden/Mangelsen; 70/71 IFA/Harris; 72.1 IFA/NOK-Photo, 72.2 Hicker, 72.3 P/Roda; 72/73 P/Minden/Brandenburg; 74.1 P, 74.2 RH; 74/75-76.1 P, 76.2 P/Roda; 76/77.1 P/Gilchrist, 76/77.2 C/Ono; 78.1 Mauritius/Visa, 78.2, 3 CH, 78.4 C/Dickman; 78/79 CH; 80 Klammet/JBE; 80/81 IFA/Nova-Stock; 82.1 C/Visions of Amerika/Sohm, 82.2 RH; 82/83 RH; 84.1,2 IFA/Panstock, 84/85-88/89 CH; 89 IFA/Kokta; 90.1 IFA/Panstock, 90.2, 3 RH; 90/91-92.1 IFA/Panstock; 92.2, 3 RH; 92/93 P; 94.1 C/Souders, 94.2 C/West; 94/95 C/Roberts; 96.1 P/Delphoto, 96.2 P/Minden/Lanting, 96.3 Reinhard, 96.4 P/Schwabel; 96/97 CH; 97 RH; 98 IFA/Panstock; 98/99 CH; 99.1 IFA/John Arnold Images, 99.2 CH; 100.1, 2 CH, 100.3 P/Wittek, 100.4 CH; 100/101 CH; 101 P/Delphoto; 102 P; 102/103.1 P/Schott, 102/103.2 IFA/Panstock; 104 P; 104/105 Mauritius; 106 IFA/John Arnold Images; 106/107 P/LaPayne; 108.1 C/Muench, 108.2 C/Huey; 108/109 CH; 109 C/Huey; 110 CH; 110/111 P/Sisk; 112 P/Sisk; 112/113 Satellitenbild: ©Geospace/EDC; 114.1 IFA/Direct Stock, 114.2 C/Randklev; 114/115 IFA/Siebig; 116 C/Muench; 116/117.1 P/Sisk, 116/117.2 P/Milbradt; 118 Pictor; 118/119 IFA/Siebig; 119.1 IFA/Panstock, 119.-120.1 IFA/Siebig; 120.2, 3 CH, 120/121 L/Heeb; 122 RH; 122/123 CH; 123.1, 2, 3 RH; 124.1 C/Bean, 124.2 IFA/Gottschalk; 124/125 C/Blair; 126.1 RH, 126.2 IFA/Siebig, 126.3 RH; 126/127 C/Huey; 127 RH; 128 P; 128/129 L/Heeb; 129 CH; 130.1, 2, 3 RH; 130/131.1 IFA/Panstock, 130/131.2 P/Shaw; 132 C/Mays; 132/133 CH; 134.1 C/Zaska, 134.2 RH, 134.3 RH, 134.4 C/Garanger; 135.1, 2 RH; 136.1 L/Huber, 136.2 C/Cooke; 136/137 CH; 138.1 A.M.Gross, 138.2 C/Aurness, 138.3 C/Purcell; 138/139 IFA/TPC; 140 IFA/Index Stock; 140/141 P/Stock Image/Frilet; 141.1, 2 IFA/Siebig; 142.1 C/Spartas, 142.2 CH, 142.3-143 RH; 144 IFA/Panstock; 144/145 P/Halling; 146.1 RH, 146.2 CH; 146/147 RH; 147 IFA/BCI; 148/149 CH; 150/151 P; 156.1 C/Krist, 156.2 CH; 157.1 IFA/Panstock, 157.2 IFA/Siebig; 158.1 C/Watts, 158.2 C/Sinibaldi, 158.3 CH; 159.1 Hicker, 159.2 P.

Impressum

Innere Wiener Straße 13
81667 München
Telefon +49.89.45 80 20-0
Fax +49.89.45 80 20-21
www.geographicmedia.de

ISBN 3-89944-137-0

Text: Tom Jeier
Redaktion: Michael Kaiser; Robert Fischer (www.vrb-muenchen.de)
Kartenredaktion: GeoKarta
Bildredaktion: Wolfgang Kunth
Umschlag: Christopher Kunth; Verena Ribbentrop
Layout: Um|bruch, München
Satz: Robert Fischer
Reinzeichnung: Dorothea Happ
Litho: Fotolito Varesco, Auer (Italien)
Druck: Appl Aprinta, Wemding

Printed in Germany